O LIVRO DA
ALMA

JULIANA BUENO

O LIVRO DA
ALMA

Transforme sua vida num roteiro iluminado, desenvolvendo os potenciais de sua alma e conquistando a verdadeira saúde, sabedoria e prosperidade.

EDITORA AQUARIANA

© Copyright 2002 Juliana Bueno

Revisão: Jefferson Donizete de Oliveira
Editoração Eletrônica: Ediart
Capa: Niky Venâncio
Ilustração da p. 87: Vera Miranda
Ilustrações da 2ª orelha: Juma, do livro "Salve a Sua Vida", de Juliana Bueno,
edit. Master Book, gentilmente autorizadas.

Cip-Brasil - Catalogação na Fonte
Sindicato Nacional dos Editores de Livros, RJ

Bueno, Juliana
    O Livro da Alma / Juliana Bueno
- São Paulo : Aquariana, 2002

ISBN 85-7217-082-0

1. Alma. 2. Técnicas de auto-ajuda.
I. Título.

02-1924.   CDD 291.22
                                               CDU 291.22

Direitos reservados à
Editora Aquariana Ltda.
Rua Lacedemônia, 68 - Vila Alexandria
Cep: 04634-020 - São Paulo / SP
Tel.: (0xx11) 5031-1500 / Fax: (0xx11) 5031-3462
aquariana@ground.com.br
www.ground.com.br

Para Laura, minha neta, que com seu sorriso de criança e o brilho do seu olhar envolveu minha alma nas mais doces canções. E no meu coração, mais uma vez, anjos e fadas se encontraram para cantar e dançar.

ÍNDICE DE TEMAS DO SEU LIVRO DA ALMA

Caminhos e sugestões para esta aventura da alma (algumas orientações iniciais) / 9

I TALENTOS E POTENCIAIS DA ALMA, EM SUA BUSCA DE LUZ

A importância de conhecer e usar a sabedoria da alma / 13
Os Ciclos da Vida e suas importantes transformações / 17
Conheça-se e cuide melhor da sua alma através das terapias holísticas / 21
Saúde e equilíbrio emocional: uma harmonia de energias e vibrações / 35

II CAMINHOS MÍSTICOS E PRÁTICOS PARA DESENVOLVER OS POTENCIAIS DA ALMA

Significados práticos e esotéricos de cada mês / 43
Rituais especiais para prosperidade, amor e cura / 49
Como utilizar melhor os 7 períodos do dia / 67
A influência das fases da lua / 73

III MILAGRES COTIDIANOS DA FÉ

O poder curativo da oração / 77
Terapias e cirurgias espirituais / 81
Ensinamentos e auxílio dos Mestres Ascensos / 85
Cartas para os Mestres, Arcanjos, Anjos e Conselho do Carma / 97

IV ORIENTAÇÕES ESPECIAIS PARA UMA VIDA PRÓSPERA E FELIZ

Considerações sobre o egoísmo e a indiferença / 107
Cuidados especiais com sua casa, seu lar / 111
Saúde, alegria interior e compreensão espiritual, sempre / 115
Caixinha da Prosperidade: conheça e use / 123
Escreva uma carta para sua alma / 129
No outro dia, de primavera ou inverno, receba a resposta / 131

Escolas iniciáticas para o desenvolvimento da alma (consciência e vivência do eu divino) / 133

Livros para o aperfeiçoamento interior / 137

Colaboradores / 139

CAMINHOS E SUGESTÕES PARA ESTA AVENTURA DA ALMA
(algumas orientações iniciais)

✦ Leia este livro, pratique seus rituais e compreenda seus ensinamentos com a alma realmente preparada para aprender e para se transformar... se for preciso.

✦ Sempre que necessário, procure no *Livro da Alma* o ritual mais indicado para ajudá-lo e faça-o com confiança. Essa atitude, impulsionada por sua alma, já está exprimindo a sua fé, esperança e otimismo.

✦ Envolva-se com esta aventura da alma sem exigir coerência e racionalidade a todo momento, buscando sempre perceber suas intuições e sensações.

✦ Use o seu livre-arbítrio, se possível, com uma sensibilidade especial, vinda do coração. Algumas emoções mais profundas (e ocultas) podem se manifestar...

✦ A finalidade maior desta nossa aventura é ajudá-lo a construir *a sua* compreensão, a mais verdadeira, sobre a alma. E, acima de tudo, despertar seu interesse em desenvolver e utilizar os potenciais de sua essência divina para com eles enfrentar e vencer as dificuldades deste nosso mundo.

Parte I

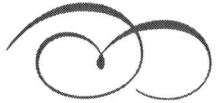

Talentos e Potenciais da Alma, em Sua Busca de Luz

Se você percebe, sente e vive sua essência
divina, está abrindo um portal
de luz no seu coração.
E uma nova paisagem de harmonia e
amor estará à sua espera, sem limites...

Capítulo 1

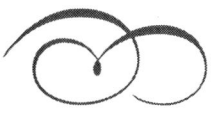

A IMPORTÂNCIA DE CONHECER E USAR A SABEDORIA DA ALMA

Com o conhecimento e o aprendizado
de outras vidas,
a alma tem sua própria luz...
No entanto, também existiram no passado,
ou no presente, os erros desse trajeto,
desequilíbrios e enganos que precisamos
corrigir.

COMO VIVER TODOS OS DIAS
COM SABEDORIA E PAZ,
PLENITUDE E HARMONIA?

COMO ENTENDER E CONQUISTAR
OS IDEAIS DE SUA ALMA
E OS SONHOS DO SEU CORAÇÃO?

COMO PERCEBER E COMPREENDER
AS TRANSFORMAÇÕES DE UMA NOVA ERA,
UM NOVO MUNDO DE AMOR E LUZ?

COMO CONQUISTAR A SAÚDE IDEAL,
VITALIDADE E HARMONIA
PARA CORPO, MENTE E ALMA?

TALVEZ VOCÊ NÃO ACREDITE ou não tenha percorrido ainda nesta vida os caminhos que o levariam a se harmonizar com sua alma. No entanto, são eles que podem lhe trazer as respostas a estas perguntas e também para muitas outras. Com certeza, novas perguntas surgirão. E você conseguirá respondê-las se tiver o coração puro e a alma preparada para entender e sentir sem preconceitos, sem dogmas.

Neste livro, você encontrará muitas respostas. Você descobrirá os ensinamentos, conteúdos e significados de um fantástico processo de transformação. E poderá, então, fazer parte dele, como milhões de pessoas já fazem, nas mais variadas regiões, países e povos do nosso planeta.

Viva melhor!

✦ Descobrindo e utilizando caminhos novos e férteis para a conquista de prosperidade pessoal, profissional e financeira.

✦ Aprendendo mais sobre esta Nova Era que surge, com sua Medicina Holística, suas curas espirituais e autêntica sabedoria.

✦ Conhecendo e praticando os ensinamentos e rituais dos Mestres Espirituais, Arcanjos e Anjos.

✦ Compreendendo melhor os processos e manifestações da natureza para viver em sintonia com eles, com sua beleza e perfeição!

✦ Descobrindo novas maneiras de amar, sem sofrer, preparando o coração para as mais verdadeiras conquistas.

✦ E, finalmente, dando a sua alma a chance de evoluir nesta vida, irradiando sua própria luz, atraindo, assim, bênçãos de paz, saúde, prosperidade e amor para a sua vida, seus caminhos e sonhos.

Prepare-se para entender sua alma e conquistar estas metas

Todos nós sabemos o que significa a alma, embora não existam palavras ideais, definitivas e perfeitas para realmente explicá-la.

Na verdade, o que já sabemos há séculos, e neste momento buscamos praticar e viver, *é que as razões da alma precisam ser respeitadas*. Elas se identificam com as razões do coração. Quando conseguimos ouvir e entender esses recados secretos, caminhamos finalmente em direção à felicidade, ao amor e à paz.

Ouça seu coração, ouça sua alma! Caminhe nesta vida numa busca maior por respostas, estradas e rumos que lhe tragam de volta a sabedoria e a luz.

E então uma doce e mágica canção poderá surgir. Com ela, você reconstruirá, passo a passo, a energia da luz dentro de si. E reencontrará o poder do amor para viver, vencer e ser feliz!

Você reencontrará o poder do amor!

Esta é a conquista mais importante que sua alma, plena de luz, sabedoria e paz, precisa concretizar nesta existência. E você entenderá cada vez mais a importância desta conquista. Poderá então perceber os efeitos dela na sua vida pessoal, sua saúde, coragem e confiança para buscar as vitórias justas e a realização dos sonhos.

Investir sua boa vontade, talento e persistência no conhecimento (e prática) dos potenciais de sua alma será com certeza o seu maior aprendizado, sua riqueza secreta. Ela lhe abrirá as portas dos mais incríveis tesouros e prêmios.

Como desenvolver este sonho divino? Como transformá-lo numa realidade objetiva e cotidiana?

Leia este livro, compreendendo e praticando suas orientações, fórmulas e rituais. Faça isso de acordo com sua intuição, sua maneira pessoal de sentir o que está lendo. Acima de tudo, confie! Confie também na linguagem sincera e amorosa que caracteriza um livro como este. Somente assim será possível construir uma autêntica sintonia da minha alma com a sua, do meu coração com o seu. Na verdade, será esta sintonia a maior responsável por todas as vitórias que nos esperam nesta fantástica e abençoada aventura.

Capítulo 2

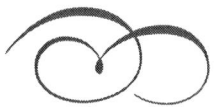

OS CICLOS DA VIDA E SUAS IMPORTANTES TRANSFORMAÇÕES

Algumas escolas espiritualistas, ensinamentos, pesquisas e terapias holísticas consideram de extrema importância conhecer e compreender os Ciclos da Vida. A cada 7 anos, a vida passa por importantes mudanças e são elas que caracterizam as tendências e potenciais desse período específico.

Acima de tudo, este conhecimento é comprovado na vida pessoal, no desenvolvimento das atividades profissionais e na evolução do psiquismo e das emoções.

Você poderá aproveitar melhor esses ensinamentos através de muitos livros, especialmente *Auto Domínio e o Destino*, de H. Spencer Lewis, Biblioteca Rosacruz, e outros da Medicina e Filosofia Antroposófica. Veja em seguida um resumo dessas transformações:

1º período, de 0 a 7 anos de idade: Essa é a época de nossas primeira e segunda infâncias, quando são firmadas as bases de nossa educação e desenvolvimento cultural. É quando estamos desco-brindo o mundo material e a relação que temos com ele. Nessa fase da vida, aprendemos a falar, a nos equilibrar, caminhar, controlar nosso corpo e nos relacionar com o meio ambiente físico e material. É a época das descobertas e o início de um longo e contínuo aprendizado que teremos pelo resto de nossas vidas.

2º período, dos 7 aos 14 anos: Nessa fase ocorrem as mudanças físicas, e o lado mental passa então para segundo plano. Quase no término desse período ocorrem mudanças físicas muito importantes, tanto no homem quanto na mulher. Nessa fase tomamos consciência de nosso corpo e passamos a investigá-lo com maior interesse. Também entramos na adolescência, um período conflituoso e turbulento que desperta grandes emoções e nos prepara para a terceira fase.

3º período, dos 14 aos 21 anos: O desenvolvimento agora ocorre no plano psíquico, ficando as mudanças físicas e mentais em plano secundário. É nessa fase que surge o senso de responsabilidade, dando ao indivíduo dignidade, amor próprio e caráter. Durante esse período, alcançamos um grau de desenvolvimento mental e fisiológico que nos converte num ser capaz e nos habilita a assumir responsabilidades legais.

4º período, dos 21 aos 28 anos: Nessa fase ocorre um forte desenvolvimento da natureza emocional, desabrochando então o que fora despertado no período anterior. Durante estes 7 anos, o indivíduo adquire estabilidade e um senso mais profundo de responsabilidade. Gradativamente despertamos para a intuição, a telepatia, e outras faculdades psíquicas semelhantes; apuramos o gosto por música, arte, idiomas e tudo mais de religioso e elevado que possa nos atrair.

5º período, dos 28 aos 35 anos: O poder criador da mente fica mais ativo e desenvolvemos intensamente nossa capacidade de visualizar, imaginar e criar, desenvolvendo uma sintonia maior com a consciência cósmica e com as normas éticas da vida. Nesse período as chances de sucesso são sempre maiores. Estamos no auge da nossa energia criativa e mais conscientes das nossas capacidades e progressos.

6º período, dos 35 aos 42 anos: Nesse período desenvolvemos o desejo de explorar, investigar e revelar os grandes conhecimentos e verdades ocultas da vida. É quando nos tornamos mais inquietos e descontentes com a monotonia de nossas vidas. Despertamos então para ações humanitárias e fraternais ou ansiamos por explorar e descobrir. Esse é o período culminante na vida do ser humano, quando se inicia o sistema de compensação, e ele sente a necessidade de devolver ao Cósmico e à humanidade alguns dos benefícios já desfrutados.

7º período, dos 42 aos 49 anos: Durante esses 7 anos o desejo de descansar, meditar e refletir filosoficamente será mais intenso e transformador, com novas esperanças, novos anseios, novas metas, novos pontos de vista e um ideal para o qual dirigir seus esforços. A mente se inclina mais fortemente para a religião, a filosofia e as obras humanitárias.

8º período, dos 49 aos 56 anos: Nesse período, o indivíduo tem uma certa tendência para o retraimento das ambições pessoais, acompanhado de uma redução gradual da vitalidade física, compensada por uma grande harmonia mental e psíquica. É nessa fase que o corpo físico começa a apresentar as mudanças dos desgastes produzidos pela vida e principia a perder as forças que combatem as enfermidades.

9º período, dos 56 aos 63 anos: As condições físicas perduram, agora acompanhadas de um amadurecimento das faculdades mentais, cada vez mais transformando-nos num ser psíquico e espiritual. Assim como nascemos para ser uma alma vivente e não apenas um corpo animado por uma alma, assim também evoluímos, de período a período, desde o nascimento até os 63 anos de idade, passando de ser físico a espiritual. E, dessa forma, aproximando-nos, cada vez mais, do propósito inevitável da existência.

Cada um dos outros períodos seguintes de 7 anos contribui para o desenvolvimento espiritual e desgaste gradual do corpo físico. O fim do ciclo deveria ocorrer aproximadamente aos 144 anos. Então, teriam início outros ciclos e outros períodos, mais elevados e espirituais.

Mas o ciclo da vida humana na Terra, como já se sabe, dificilmente alcança 144 anos. De acordo com escolas espiritualistas e iniciáticas, este total de anos seria realmente possível se as condições de vida, comportamento, saúde, etc. assim o permitissem.

Acredita-se, então, de acordo com essas teorias, que o homem, em épocas mais antigas da sua história na Terra, teria alcançado 144 anos de vida. As condições para sua existência facilitariam isso, embora o progresso científico e tecnológico ainda fosse muito menor... Por outro lado, a vida em contato com a natureza, alimentação saudável, ambiente sem poluição e outros fatores semelhantes favoreceriam com certeza a longevidade. E possibilitariam também uma existência sem tantos riscos, como ocorre hoje, no dia-a-dia das grandes cidades.

Capítulo 3

CONHEÇA-SE E CUIDE MELHOR DA SUA ALMA ATRAVÉS DAS TERAPIAS HOLÍSTICAS

À<small>S VEZES VOCÊ TEM UMA FORTE DOR</small> em qualquer parte do seu corpo, e volta para essa região toda sua atenção, seus cuidados e sua sensibilidade. Em relação ao universo ainda misterioso e complexo da nossa alma, o processo é semelhante.

Você percebe, ou pode perceber (se quiser), que a alma tem dimensões próprias e se expressa através delas, quando por algum motivo *ela adoece*. A alma adoece? Como? Você se espanta, ou não entende exatamente...

A alma adoece quando você negligencia, por ignorância ou descrença, os seus potenciais divinos, a sua natureza divina. Esta negligência, de uma forma ou de outra, traz conseqüências para sua mente, corpo e emoções.

Neste *Livro da Alma*, você verá que médicos, terapeutas, cientistas e místicos nos ajudam a reconstruir, passo a passo, esse conhecimento divino. Um universo de potenciais, energias e vibrações que fazem parte da nossa vida, num inter-relacionamento perfeito de microcosmos e macrocosmos.

Ao conhecer, da melhor maneira possível, a dinâmica, o mecanismo deste inter-relacionamento, você se aproxima cada vez mais do verdadeiro conhecimento da alma. E percebe suas fragilidades e conflitos, das mais variadas maneiras, na saúde, comportamento, alegrias e vitórias, tristezas e derrotas.

Começa aqui o seu caminho, mais um deles, com certeza. Você vai percorrê-lo agora, eu acredito, com renovado interesse, uma fé mais poderosa e sincera. E uma sensação contagiante no coração de que, através do amor, tudo será possível: o entendimento e a aceitação da verdade divina, a conquista da paz, da abundância e da plenitude interior.

> "Compreender a verdade na ausência do amor é tão impossível quanto compreender uma mensagem telefônica quando não há eletricidade; a verdade é conduzida pela corrente do amor."
>
> – Ken Carey

Através de séculos e séculos da vida humana na Terra, desenvolveu-se uma maneira absolutamente prejudicial de amar, nas várias dimensões e vários níveis que isso abrange.

Os resultados, as consequências, vieram... E se tornaram agudos, crônicos, patológicos e até fatais. É este o maior motivo de convocarmos neste livro as "terapias holísticas" para que nos ajudem a compreender (e a tratar) os potenciais, as dores e os conflitos da Alma.

Você finalmente desperta de um certo torpor existencial quando um problema maior, um drama íntimo sem solução, invade e toma conta da sua vida, escurece os seus dias, destrói sonhos e esperanças. Então, inicia-se uma grande busca. É uma busca contínua e incansável, porque você precisa da cura, você precisa resolver, compreender, reconstruir.

Sua alma, com certeza, nessas fases mais conscientes de uma vida automatizada, é então chamada para ajudar, inspirar, mostrar caminhos que ainda não existiam, ou melhor, *que você ainda não conhecia*. Veja então, no seu *Livro da Alma*, alguns destes caminhos. E como eles podem ajudar? Através do tratamento, através da cura, através da compreensão.

O MAPA ASTROLÓGICO INDIVIDUAL E O DIAGNÓSTICO DA SUA ALMA

A Terra, incorporada no sistema solar, encontra-se constantemente exposta às ondas que emanam do Sol e dos outros planetas. Essas ondas, ou vibrações, constituem toda a nossa fonte de vida e condicionam todos os fenômenos visíveis ou invisíveis que se manifestam na superfície, na atmosfera e no interior do nosso globo.

Esse sistema de influências planetárias forma um todo harmonioso e tão perfeito que se um desses fatores celestes fosse suprimido, como numa catástrofe cósmica, isso levaria a uma alteração radical de nossa própria natureza.

No momento preciso de seu nascimento, o bebê é impregnado dessa influência planetária que, como numa placa fotográfica virgem, marca o seu destino, as tendências de sua mente e do seu corpo físico. Essa influência inicial que condiciona toda a futura vida é um reflexo da mensagem hermética "*O que está em baixo é como o que está em cima*", e, por essa razão, o homem, microcosmo, é criado "à imagem e semelhança" do macrocosmo. Tudo no Universo depende do Todo.

Ao entrar nos pulmões, o ar imprime um ritmo próprio e único ao indivíduo, que seguirá então aquele padrão ao longo de toda a sua vida. Dessa forma, o astrólogo, ao interpretar a Carta Natal (Tema Natal ou Mapa Natal) e posteriormente as progressões dos planetas sobre essa Carta, poderá traçar o perfil psicológico e físico do homem, que influenciará suas atitudes e decisões ao longo da vida. As Progressões, ou Previsões Anuais, ajudarão o nativo a compreender os ciclos de desenvolvimento desta existência na Terra.

Dessa forma, a Astrologia moderna ajuda o homem a conhecer a si próprio, seguindo a famosa frase da esfinge: "*Decifra-me ou te devorarei*", ou seja, "*Conheça o teu destino se não quiseres ser engolido por ele*".

Graziella Marraccini

Vale a pena confiar, conhecer, experimentar?

Milhares de pessoas ainda não conhecem a Astrologia, a não ser por horóscopos populares, produzidos em computadores ou "inventados" apressadamente, sem nenhum conteúdo realmente correto.

Eu gostaria de sugerir algo muito simples a essa multidão de incrédulos: uma consulta, sem preconceitos, a um profissional dessa área, um astrólogo. Este, com certeza, será também um terapeuta holístico, ou quase isso. Ou seja, poderá ajudá-lo a entender e enfrentar conflitos e dificuldades pessoais, assim como conhecer e aproveitar melhor seus talentos e potenciais.

"Você acredita mesmo na astrologia?", perguntaram um dia ao cientista Albert Einstein, e ele respondeu que *sim*.

"Mas por que você acredita?"

"Porque eu estudei", foi a resposta.

Signo por signo, um recado especial para a alma

... E, naquela manhã, Deus compareceu ante suas crianças e em cada uma delas plantou a semente da vida humana. Uma por uma, cada criança deu um passo à frente para receber o Dom que lhe cabia:

"Para ti, **ÁRIES**, dou a primeira semente, para que tenhas a honra de plantá-la. Para cada semente que plantares, mais outro milhão de sementes se multiplicarão em tuas mãos. Não terás tempo de ver a semente crescer, pois tudo o que plantares criará cada vez mais para ser plantado. Tudo na vida é ação, e a única ação que te atribuo é dar o passo inicial para tornar os homens conscientes da Minha Criação.

TOURO: A ti dou o poder de transformar a semente em substância. Grande é a sua tarefa, e requer paciência, pois tem de terminar tudo o que foi começado, para que as sementes não sejam dispersadas pelo vento. Não deves, assim, questionar, nem mudar de idéia, nem depender dos outros para executar o que te peço. Para isso te concedo o Dom da FORÇA.

GÊMEOS: Eu dou as perguntas sem respostas para que possas levar a todos um entendimento daquilo que o homem vê ao seu redor. Tu nunca saberás por que os homens falam ou escutam, mas em tua busca pela resposta encontrarás o Meu Dom reservado para ti: o CONHECIMENTO.

CÂNCER: Atribuo-te a tarefa de ensinar aos homens a emoção. Minha idéia é que provoques neles risos e lágrimas de modo que tudo o que eles vejam e sintam desenvolva uma plenitude desde dentro. Para isto, Eu te dou o Dom da FAMÍLIA, para que tua plenitude possa multiplicar-se.

LEÃO: Atribuo-te a tarefa de exibir ao mundo a Minha Criação em todo o seu esplendor. Mas deves ter cuidado com o orgulho e sempre lembrar que é Minha Criação e não tua. Se esqueceres, serás desprezado pelo homens. Há muita alegria em teu trabalho; basta fazê-lo bem. Para isso, Eu te concedo o Dom da HONRA.

VIRGEM: Peço que empreendas um exame de tudo o que os homens fizeram com minha Criação. Terás de observar com perspicácia os caminhos que percorrem, e lembrá-los de seus erros, de modo que por meio de ti Minha Criação possa ser aperfeiçoada. Para que assim o faças, Eu te concedo o Dom da PUREZA DE PENSAMENTO.

LIBRA: Dou-te a missão de servir, para que o homem esteja ciente dos seus deveres para com os outros; para que ele possa aprender a cooperação, assim como a habilidade de refletir o outro lado das ações. Hei de levar-te aonde quer que haja discórdia e por teus esforços te concederei o Dom do AMOR.

ESCORPIÃO: A ti darei uma tarefa muito difícil. Terás a habilidade de conhecer a mente dos homens, mas não te darei a permissão de falar sobre o que aprenderes. Verás tanto e tanto do ser humano que chegarás a conhecê-lo como animal, e lutarás tanto com os instintos animais em ti mesmo que perderás o teu caminho; e quando voltares a Mim, terei para ti o Dom supremo da FINALIDADE.

SAGITÁRIO: A ti Eu peço que faças os homens rirem, pois entre as suas distorções da Minha Idéia eles se tornaram amargos. Pelo riso, darás ao homem a esperança, e pela esperança voltarás os seus olhos novamente para Mim. A ti darei o Dom da INFINITA ABUNDÂNCIA para que possas expandir e levar luz à escuridão.

CAPRICÓRNIO: Quero o suor da tua fronte, para que possas ensinar aos homens o trabalho. Não é fácil a tua tarefa, pois sentirás todo o labor dos homens cair sobre os teus ombros; mas pelo peso da tua carga, ponho em tuas mãos a RESPONSABILIDADE sobre o homem. Tuas vitórias serão muitas!

AQUÁRIO: Dou-te o conceito do futuro, para que por meio de ti o homem possa ver outras possibilidades. Mas para que possas voltar os olhares humanos em direção às novas possibilidades, Eu te concedo o Dom da LIBERDADE, de modo que livre possas continuar a servir a humanidade onde quer que ela necessite de ti.

PEIXES: Dou-te a tarefa mais difícil de todas. Peço-te que reúnas todas as tristezas dos homens e as tragas de volta para Mim. As tristezas e padecimentos que terás de absorver são o efeito das distorções impostas pelo homem a Minha Idéia, mas cabe a ti levar até a ele a compaixão, para que ele possa tentar de novo. Por essa tarefa difícil tu serás o único de meus doze filhos que Me compreenderá.

Ao final, Deus disse: "Cada um de vós tem uma parte de Minha Idéia. Não deveis confundir a parte com o todo dessa idéia, nem podereis negociar vossas partes entre vós. Pois cada um de vós é perfeito, mas não compreendereis isso até que sejais Um.

Voltareis a Mim muitas vezes me pedindo para seres liberados de vossas missões. E, a cada vez que isso acontecer, Eu entenderei vosso pedido. Passareis através de inumeráveis encarnações antes que a missão originária que vos prescrevi esteja completa. Dou-vos um tempo infinito para que a completeis, pois só quando terminada a missão é que podereis estar Comigo."

Schulman
(Texto encontrado em apostila
de um curso de astrologia)

Terapia de Vidas Passadas, um mergulho na personalidade - alma

Sua alma tem uma personalidade, ela tem tendências, potenciais, preferências, dificuldades e carmas. Talvez numa única existência se torne realmente impossível conhecer *os roteiros de suas outras vidas*. E, principalmente, como você os desenvolveu. Com sabedoria e amor? Culpas e mágoas? Egoísmo e ambição?

A Terapia de Vidas Passadas pode desvendar um verdadeiro universo de emoções e vivências ainda desconhecidas. Por que se preocupar com esse universo? Por que percorrer os seus rumos e traçados para chegar a uma compreensão maior?

"Falar do espiritual faz parte da Medicina Tradicional. Nos livros e ensinamentos de Allan Kardec (fundador do Espiritismo) o conhecimento espiritual está ligado à ciência. Conhecer a relação do mundo material, físico e corporal com o mundo espiritual é uma busca necessária para a ciência de maneira geral, inclusive a psiquiátrica."

Sérgio Felipe de Oliveira

UM CONTATO COM NÍVEIS MAIS PROFUNDOS DO INCONSCIENTE

A regressão de memória é uma prática muito antiga, que remonta ao antigo Egito como uma forma de autoconhecimento restrito a iniciados.

Atualmente, a regressão de memória continua sendo uma forma de autoconhecimento, porém não mais restrita a poucos. É uma prática psicoterápica das mais úteis e eficientes. Ela permite à pessoa entender suas formas de agir perante o mundo, reestruturando-as se necessário e reforçando aquilo que é adequado.

Através da regressão é possível entrar em contato com níveis mais profundos do inconsciente e conhecer as respostas às perguntas mais corriqueiras como: por que tenho medo de determinadas situações? Por que não me dou bem com determinada pessoa? O que faço com essa mania, essa irritação, essa angústia? Há muitas perguntas na mente humana que traduzem o sofrimento e a dor de pessoas que ainda não encontraram um caminho feliz. Todas as terapias têm por meta essa felicidade, através do conhecimento que a pessoa adquire sobre si mesma e sobre mudanças que escolherá fazer.

A regressão de memória permite um "mergulho no inconsciente" de modo seguro e não demorado, para trazer à tona as causas emocionais, as saídas, as respostas mais adequadas, mais adaptadas, isto é, que criarão uma vida mais plena e feliz. Toda e qualquer dificuldade do ser humano encerra uma necessidade de aprendizado, uma forma mais evoluída e feliz de responder às necessidades do dia-a-dia. Mergulhar no inconsciente é resgatar essas respostas, encontrar maneiras mais adequadas, mais bem elaboradas de viver. O papel do terapeuta não é dar essas respostas já prontas, mas ajudar a pessoa a encontrar suas próprias respostas, iluminar o paciente com sua própria luz.

Ivana Prates de Oliveira

"E se você se dispuser a ver claramente a força, a integridade, a inteligência e a bondade que tem dentro de si? Enxergar tais qualidades simplesmente o dotará de poder e coragem para dar o primeiro passo na direção de seus objetivos e sonhos e, depois, de outros e outros objetivos e sonhos."

– Maria Nemeth

No seu nome e data de nascimento, uma vibração única repleta de mensagens e sinais

Seu nome e data de nascimento podem fornecer um verdadeiro roteiro, um mapa individual do seu temperamento, qualidades, talentos, conflitos e contradições. A interpretação desse mapa é feita por um profissional, quase sempre um terapeuta. E este poderá fazer importantes observações e sugestões no sentido de ajudá-lo na busca de autoconhecimento, harmonia e prosperidade.

Uma análise mais lógica das vibrações e da energia dos números e das letras

Desde os tempos mais remotos, os seres humanos utilizam-se dos números como um valiosíssimo instrumento voltado ao autoconhecimento, autodesenvolvimento e auto-aprimoramento.

Cada povo desenvolveu um sistema próprio, sempre relacionado às letras (isoladamente ou em seqüência) e aos números. Cada letra contém um espectro de energia correspondente a uma vibração numérica, que indica características e significados dos nomes.

O pai da Numerologia moderna, Pitágoras, um dos maiores gênios da humanidade, deu sua contribuição para o sistema numerológico que usamos como base para a Numerologia praticada hoje.

A partir do nome e da data de nascimento, é possível fazer um levantamento de importantes informações relativas à vida da pessoa, assim como previsões para o futuro, análise da personalidade, conhecimento do destino, compreensão das leis cósmicas e revelações de cada fase da vida. Também utilizamos os recursos dos números para a escolha do nome de pessoas, empresas ou produtos, de modo que consigam sucesso e pros-peridade.

Um estudo numerológico pode ajudar as pessoas a conquistar uma vida mais equilibrada, harmoniosa e feliz, facilitando as decisões tanto na vida pessoal e familiar como profissional.

No nome completo de uma pessoa, certas seqüências de números podem ser consideradas maléficas. Através do reajuste da assinatura podemos evitar isso e transformar esses aspectos negativos. Um estudo sério e competente sempre será necessário para uma análise do seu nome e sua assinatura, assim como das fases de sua vida, em cada ano da existência (progressão).

Inah Rosa Rubin

As cores também ajudam a compreender a alma

Quando descobri a Cromonumerologia fiquei realmente muito impressionada. Se você quiser, poderá ter também uma experiência como a minha, desde que encontre um especialista nesta área. Na verdade, eu acredito que existam poucos, assim como são poucos os livros sobre este tema.

Confiante ou não na análise da Cromonumerologia, vale a pena conhecer algo sobre esta ciência esotérica. Ela muitas vezes funciona como um autêntico tratamento de prevenção e cura.

Cromonumerologia: as vibrações das cores nas letras do seu nome

Vivemos num mundo vibrante, repleto de visões e sensações de todo tipo. E a cor, que faz parte deste mundo, pode tornar as coisas mais belas e afeta todas as criaturas, grandes e pequenas. Nosso estado emocional e psicológico vai do êxtase ao desespero. Porém, se aumentamos a nossa percepção, poderemos ter mais controle sobre nosso sentimentos e nossa maneira de ser e de VER o que nos cerca. **Através da correlação do número com a cor, temos os meios que nos permitirão utilizar, de maneira construtiva, essas energias em nossas atitudes diárias.**

Um nome é composto de letras, números e cores. Um nome não é dado por acaso. Pode ter sido a mãe ou o pai que carinhosamente escolheu o nome do filho. Mas de onde veio a vontade, a idéia ou a simpatia por aquele nome? Por que não outro? Existe toda uma influência cósmica atuando na pessoa que escolhe.

Em minha busca de informações, pude notar que grupos de letras pertencem a uma determinada cor e cada letra de um nome está relacionada com algum talento da pessoa, talento que em alguns casos ela até desconhece que tem. São aspectos da sua vida atual com os quais ela tem até certa facilidade em lidar. *A dificuldade maior está nas cores ausentes em seu nome e que obviamente ela deve trabalhar.*

Na cromonumerologia é feita a descrição da trajetória de uma existência. As letras de um nome representam as estradas que deveremos caminhar durante a nossa vida atual. Essas estradas foram projetadas pelo Grande Arquiteto do Universo. Todas elas são perfeitas, seguras, bonitas. O que muda é a forma como cada um de nós vai fazer esse percurso. Nosso destino é programado em função dessa trajetória, porém, temos em nossas mãos o livre-arbítrio de como nos conduziremos através dela.

Thereza Nagata

O dia da semana em que você nasceu...

Na análise da Cromonumerologia, segundo a especialista Thereza Nagata, algumas importantes informações sobre sua personalidade estão contidas no dia da semana em que você nasceu. Vale a pena conferir.

Domingo: As pessoas que nasceram nesse dia são geralmente dedicadas e competentes, vivem muito e aproveitam bem toda a vida que Deus lhes deu. São alegres, brincalhonas, festeiras e criativas (verdadeiras artistas). São talentosas em qualquer atividade relativa aos meios de comunicação.

Segunda-feira: São indivíduos que demonstram curiosidade em relação a vários assuntos, inclusive os místicos. Considerados meio bruxos, alquimistas. Reservados, guardam para si todo e qualquer tipo de ambição ou ideal. São discretos, dignos de confiança. Estudiosos, têm tendência a seguir profissões em que possam ajudar os outros, como médicos e curadores.

Terça-feira: Os nascidos nesse dia são dinâmicos, amantes do ferro, do aço, do progresso. São pessoas práticas, seguem mais a cabeça do que o coração e batalham sempre por uma posição de destaque. Têm tendência para construir coisas permanentes e se dão muito bem nos esportes. São pessoas curiosas, interessadas sempre em descobrir e aprender.

Quarta-feira: Aparentemente mais sérias, os nascidos nesse dia são líderes natos e despertam toda espécie de emoções. Inspiram lealdade a todos. Gostam de ser centro das atenções. Possuem boa capacidade de julgamento, podendo atuar perfeitamente nos campos da lei, da política, governo ou qualquer área em que possam expressar suas opiniões.

Quinta-feira: As pessoas que nascem nesse dia são muito ativas e detestam a rotina. Então, jamais devem trabalhar isoladas.

Devem sempre ter contato com o público. São desembaraçadas, têm classe e são admiradas por sua inteligência e sensibilidade. Qualquer carreira que as coloquem diante do público poderá trazer muitas vitórias.

Sexta-feira: Os nascidos nesse dia são extremamente honestos. Detestam fazer as coisas fora da lei. Com aparência modesta e atitude muito correta, eles têm uma mente lógica. São muito tranqüilos, mas adoram inventar. Podem ser bons professores (têm o dom de saber transmitir qualquer tipo de ensinamento) e escritores.

Sábado: Os que nascem no sábado tendem a ser super-protetores. Possuem grande sensibilidade e julgamento sensato. Sabem receber muito bem (excelentes anfitriões). São moderados em todas as coisas, por isso são respeitados. Geralmente essas pessoas são atenciosas, mas também cobram retribuição de amor e carinho. Podem optar por profissões como decoração, confecção de jóias, bijouterias.

Importante: De acordo com estudos e pesquisas da Ordem Rosacruz (AMORC), *o dia da semana em que você nasceu* tem uma importância real. Por exemplo: pode ser considerado ideal para você fazer suas preces, pedidos e rituais, atraindo assim as bênçãos dos Mestres e o auxílio espiritual. Encontros importantes, conversas e entendimentos valiosos devem ser marcados, se possível, nesse dia.

Capítulo 4

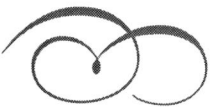

SAÚDE E EQUILÍBRIO EMOCIONAL: UMA HARMONIA DE ENERGIAS E VIBRAÇÕES

"Neste período da história, quando as pressões da vida a cada dia são mais exacerbadas, e as pessoas se sentem amontoadas sobre as outras e comprimidas, maior é a necessidade de conseguir alguma tranqüilidade íntima."

DORA VAN GELDER KUNZ

CONHECER E REALMENTE ENTENDER a estrutura espiritual que envolve nossas atitudes, comportamentos, idéias e emoções, é um passo importante e provavelmente você prosseguirá confiante... Será muito fácil perceber que a análise "esotérica" da sua personalidade *na vida atual* é de fato um diagnóstico real: as "coincidências" são várias, assim como a sua identificação com os resultados e conclusões. Ou seja, você percebe que essas análises (astrológicas, numerológicas e outras) conseguem tocar em problemas reais, pessoais e muitas vezes inexplicáveis. Então... como vem acontecendo com milhares de pessoas em todo o planeta, *você começa a acreditar* ou a reforçar as crenças já existentes.

Dentro de toda uma lógica, de toda uma coerência que você mesmo experimentou, há de existir, com certeza, uma respeitável compreensão mais científica. E você pode procurar por ela, se quiser, através de livros, pesquisas, palestras e cursos.

Na verdade, o que me parece fundamental é que você se interesse de fato por essa busca, esse desejo sincero de conhecer sua essência Divina. A compreensão mais lógica e até mesmo racional virá passo a passo, como as peças de um jogo de xadrez que se inter-relacionam...

"Como mostram as imagens da aura, especialmente de crianças, todos nascem com um elo com essa realidade espiritual, seja ou não esse elo conscientemente percebido ao longo da vida."

– DORA VAN GELDER KUNZ

Através da meditação desenvolvida com confiança e de maneira sistemática, a ligação do nosso microcosmos (eu divino) com o macrocosmos (Deus, ou consciência cósmica) vai se fortalecendo e pouco a pouco se realiza dentro de nós, de uma maneira dinâmica e sensível. Todos os dias, em todos os momentos, passamos então a sentir (e a viver) como *filhos de Deus*. E cada vez mais conseguimos compreender os significados e conteúdos desta essência divina. Acima de tudo, ela se torna uma vivência prática, e suas consequências se refletem na saúde, na paz interior e na harmonia dos relacionamentos.

A busca consciente, humilde e ao mesmo tempo corajosa dessa essência divina é, acima de tudo, uma comprovada maneira de *prevenir doenças, crises emocionais, tristezas e conflitos*. E como você já sabe, os caminhos são muitos. Os mais verdadeiros poderão surgir naqueles momentos de silêncio, quando você se dispõe a mergulhar o mais profundamente possível na paisagem secreta do coração, na vibração mais íntima e sagrada da alma.

Para isso, é quase sempre necessário afastar-se um pouco do mundo exterior e procurar a paz, a serenidade, a verdade maior do seu *mundo interior*.

Talvez você consiga isso sem precisar isolar-se das turbulências mundanas. Talvez você consiga cuidar com tanto amor e interesse *dos desejos e sonhos de sua alma* que os desequilíbrios, fragilidades, doenças e crises jamais se aproximem de você. Mas ainda que existam fases mais difíceis em sua vida aqui na Terra, você com certeza conseguirá superá-las, sem conseqüências prejudiciais, tampouco doenças ou neuroses.

"Existe uma força dentro de nós que ainda é mais poderosa, e podemos liberá-la interiormente quando estamos decididos a modificar o nosso futuro."

– Dora Van Gelder Kunz

Através dos rituais e da busca consciente de conhecimento e sabedoria, você provavelmente experimentará sensações de paz interior e, ao mesmo tempo, um renovado entusiasmo por seus sonhos e esperanças. Os fantasmas das doenças, tristezas e dores se afastarão do seu mundo interior, pois encontrarão uma muralha poderosa de vibrações felizes, nas várias cores das energias mais sutis dos mestres e anjos e – principalmente do seu próprio eu.

Existem escolas espiritualistas preparadas para ajudá-lo. Mas, se você quiser, pode caminhar sozinho, auxiliado por livros e alguns cursos especiais. É muito importante também, nesse aprendizado, conhecer os significados e a função espiritual dos nossos chakras. Eles são *centros de luz do corpo-espiritual* e estão localizados no corpo físico, de onde governam o fluxo de energia. E da energia depende a verdadeira saúde. Procure conhecer mais sobre este assunto com os médicos e terapeutas-holísticos.

Aos poucos, tanto você como eu e milhares de outros nos tornaremos mestres e curadores. E os resultados benéficos dessa missão haverão de se espalhar por todo o planeta. Cada país, cada família, experimentará esses benefícios. E, acima de tudo, você mesmo.

"O pote de ouro no fim do arco-íris existe – encontra-se no cristal puro do centro do seu coração e, dentro dele, repousa toda a realização com que você sonha."

– Deborah Rozman

Parte II

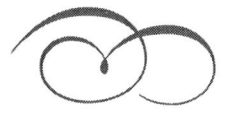

Caminhos Místicos e Práticos para Desenvolver os Potenciais da Alma

"O objetivo da vida é aumentar
o nível de consciência através
da interação entre espírito
e matéria até que, finalmente,
não há mais separação..."

Christine R. Page

Um cotidiano automatizado e voltado apenas para os interesses pessoais é o caminho ideal para a fragmentação, deixando em pedaços (confusos e contraditórios) os sonhos e projetos da alma. Mas eles continuam a existir, precisam e querem ser realizados! Ao negligenciá-los a esse ponto, a esse nível de ignorância e descrença, veja o que vem acontecendo com a humanidade, com nosso país, nossa família...

E com você mesmo? Você pode sentir agora a fragmentação de sua alma em partes confusas e distantes umas das outras? Faz sentido esta pergunta? Procure respondê-la...

Um roteiro mais prático e contínuo quase sempre se faz necessário para direcionar sua alma às metas ideais, tomando as rédeas, *assumindo de fato a direção de sua própria vida*. Este roteiro é acima de tudo repleto de esperanças, sonhos e visões que o ajudarão a reconstruir, com alegria e confiança, os sonhos mais antigos e programar outros.

Passado, presente e futuro são rumos, rotas ou desvios de um mesmo caminho. Ao percorrê-los com segurança e paz interior, as chances de vitória são maiores. Sua saúde e harmonia interior precisam *sempre* permanecer acima de quaisquer circunstâncias, tristezas e conflitos... São fases que podem acontecer e acontecem de fato, para todos nós aqui na Terra, em busca de sabedoria e amor.

Veja então como cada ano, cada dia de sua vida na Terra pode conter um novo aprendizado, um novo portal para a reconquista da luz. Vamos falar um pouco de cada mês do ano... Vamos falar dos dias da semana, com seus Mestres, Arcanjos e Anjos... E dos períodos de cada dia, com suas vibrações mais sutis...

Você poderá organizar seu próprio roteiro, um caminho muito especial e único para sua alma, aprendendo sempre mais nas dificuldades, nas dúvidas e decepções. E assim, desenvolvendo com determinação os potenciais divinos, as qualidades tão felizes e prósperas da alma e do coração.

Ao desenvolver, passo a passo, os potenciais divinos, você encontrará em si mesmo uma força maior para mudar, transformar, reconstruir. Crises e conflitos emocionais, por exemplo, poderão ser enfrentados com mais serenidade e confiança nas soluções e na cura.

Capítulo 5

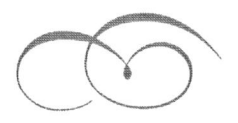

SIGNIFICADOS PRÁTICOS E ESOTÉRICOS DE CADA MÊS

É CLARO QUE NÃO VAMOS ENTENDER com radicalismo e rigor os significados e conteúdos de cada mês. Sempre que no hemisfério norte as estações do ano têm lugar em épocas diferentes, e diferentes também são os climas, hábitos, etc. de região para região do planeta. No entanto, há algo de essencialmente comum e generalizado. Por exemplo, o mês de janeiro, logo após o término de mais um ano. Você não o entenderia como um momento especial de planejamento e renovação?

Mas nem sempre isso acontece. Principalmente se estamos de férias, descansando. Veja, então, o que pode ser feito em cada mês para ajudar sua alma a se organizar, se estruturar melhor, aproveitando ao máximo os seus potenciais. Veja também, em seguida, alguns rituais muito especiais. Eles poderão trazer mais amor, sabedoria e prosperidade a sua vida.

JANEIRO (1): Este é um mês de muita energia, vontade de mudar, planejar, renovar. A análise numerológica de "janeiro" fala da coragem e ousadia que podem caracterizar este primeiro mês do ano. Veja no seu *Livro da Alma* um inspirado ritual para atrair saúde, prosperidade e amor em cada ano novo de sua vida.

FEVEREIRO (2): Época para cooperar, servir e trabalhar com os demais. Período benéfico a sociedades, parcerias ou casamentos. Momento de manter a paz e o equilíbrio e seguir a intuição. Nas proximidades das festas cristãs, como a Páscoa, os rituais devem buscar a cura espiritual e a iluminação.

MARÇO (3): Período de muita criatividade, inspiração e comunicação. Favorece a arte e a beleza. Beneficia atividades ligadas ao social. A partir de 21 de março, com o Sol em Áries, os planos começam a se realizar de uma maneira mais prática e objetiva.

ABRIL (4): Época de trabalhar com afinco, persistência e muita determinação. Construa agora a base para o futuro. Atenção aos detalhes e pormenores. Período para poupar dinheiro. Cuide muito bem de sua saúde, mantendo sempre a boa disposição, tranqüilidade e alegria de viver.

MAIO (5): Mês de grande mudanças e transformações, facilitando novas experiências. Favorece viagens e novos amores. Os rituais para resolver problemas financeiros são ideais para esse mês, assim como para a prosperidade no lar. As comemorações do Dia das Mães podem ser enriquecidas com rituais para o amor e a harmonia da família.

JUNHO (6): Época para assumir responsabilidades com o lar, a família, a comunidade. Favorável ao casamento. Em alguns países, festeja-se o Dia dos Namorados e os rituais são importantes para atrair um amor verdadeiro e acabar com a solidão.

JULHO (7): Momento de estudar e analisar a vida mais profundamente. Reflexão e uma nova filosofia de vida fazem parte desse período. Repouse, medite e cuide da saúde. Procure conhecer cada vez mais os significados divinos de sua vida na Terra.

AGOSTO (8): Tenha objetividade e clareza para, nesse período, administrar bem o seu dinheiro. Amplie os negócios. Época favorável para a aquisição de bens materiais. Em alguns países, festeja-se o Dia dos Pais. Um inspirado ritual pode ser feito para ajudá-los.

SETEMBRO (9): Altruísmo, generosidade e desapego fazem parte desse período. Soltar as amarras do passado e deixar ir embora o que apresentar deteriorização. No hemisfério sul, é o mês da primavera, portanto faça um ritual especial para aproveitar essa fase de renascimento interior e exterior.

OUTUBRO (10): Tempo de recomeçar, recuperar aquele velho projeto, colocar as idéias em ação. Época de tomar decisões, investindo ainda muito talento e boa vontade no ano que não terminou.

NOVEMBRO (11): Altos ideais e muita espiritualidade fazem parte desse período, assim como muita inspiração e novas invenções. Cuide da emoção, sentindo a vibração do planeta Marte, que envolve a energia desse mês.

DEZEMBRO (12): Época de alegria, novos amigos, festas, lazer. Tempo de trazer à tona novos talentos, com muita criatividade. Comunicação e otimismo são as palavras-chave para esse período. Organize suas festas de fim de ano com verdadeira alegria interior. Faça caridade, desenvolva a bondade e a compaixão.

Cada mês tem um Arcanjo protetor

"Embora estejamos mais separados de Deus por termos escolhido viver no mundo material, temos dentro de nós uma parte de Deus, uma centelha divina que nos permite contatar e pedir auxílio aos anjos – e esperar resultados."

– Elizabeth C. Prophet e Isabel Lopes

Os Arcanjos pertencem a uma hierarquia especial no macrocosmos (dimensões da vida espiritual) e são responsáveis pelas legiões de Anjos que nos ajudam, sempre que chamados para isso.

Em cada mês, de acordo com o signo astrológico que o rege, há um Arcanjo responsável. Você poderá conhecê-lo melhor e desenvolver uma maneira especial de contatá-lo através da fé, com todas as possibilidades que ela traz, no seu potencial de sabedoria e luz.

Nessa sua busca de sintonia com os Arcanjos e Anjos, cada vez mais você desenvolverá uma linguagem interior repleta de fé, boa vontade e sabedoria. E será através dessa linguagem que uma verdadeira ponte poderá ser construída, dando passagem para as preces, súplicas, mantras e vibrações.

Janeiro e Fevereiro: Sob os signos de Aquário e Peixes, esses meses são regidos pelos Arcanjos *Ratzhiel e Sandalphon*. Para eles um ritual ou preces, pedindo as necessárias transformações individuais ou coletivas, vão atrair suas bênçãos e auxílio. Ao Arcanjo *Sandalphon*, peça muita iluminação e espiritualidade para os líderes político-sociais do nosso planeta.

Março e Abril: Sob os signos de Áries e Touro, esses meses têm a proteção dos Arcanjos *Khamael e Haniel*. Eles nos ajudam a vencer na profissão e podem ajudar também nos relacionamentos afetivos e na harmonia familiar.

Maio e Junho: Os Arcanjos *Michael e Gabriel*, regentes dos signos de Gêmeos e Câncer, também nos ajudam na profissão e nas comunicações, de maneira geral. O desenvolvimento da espiritualidade (mediunidade) pode ser enriquecido pela busca de sintonia com esses Arcanjos.

Julho e Agosto: *Raphael e Michael*, Arcanjos dos signos de Leão e Virgem, trazem alegria, brilho e prestígio para nossas vidas. Podem ajudar também nos rituais de purificação e cura, para a saúde física, mental e emocional.

Setembro e Outubro: Sob os signos de Libra e Escorpião, os Arcanjos protetores são *Haniel e Metatron*. Eles nos trazem um auxílio especial para a prática da caridade e para o aprimoramento pessoal. O Arcanjo *Metraton* pode ser invocado para amenizar e, se possível, eliminar os nossos carmas.

Novembro e Dezembro: Os Arcanjos *Tzadkiel e Tzaphkiel* são os regentes desses meses sob os signos de Sagitário e Capricórnio. Eles podem nos trazer mais energia, coragem e criatividade para vencer. E nos ajudam também na busca de prosperidade financeira.

Capítulo 6

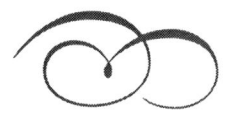

RITUAIS ESPECIAIS PARA PROSPERIDADE, AMOR E CURA

"Como seres humanos, você precisam da emoção para entrarem em contato com o vosso Eu espiritual. A emoção é essencial à compreensão da espiritualidade porque emoções geram sentimentos."

BARBARA MARCINIAK

DESENVOLVER UM RITUAL sempre será um momento envolvido por emoções. Tristezas e conflitos, esperanças e sonhos, dores e tragédias podem fazer parte das sensações que envolvem nossos rituais. Eles nos trarão uma chance maravilhosa de "abrir o coração" para nossos protetores e mestres espirituais, para nossos Arcanjos e Anjos e, acima de tudo, para Deus, nosso Pai.

Antes de conhecer alguns rituais de prosperidade, amor e cura, procure entender melhor os significados importantes que entram em cena quando você desenvolve essa busca espiritual.

Aceitar e praticar um determinado ritual místico é receber também seu mistério, sua magia, sua maneira especial de nos transmitir alguma verdade. Certamente, com seus símbolos específicos, ele conseguirá falar à nossa realidade mais íntima, sempre em busca de luz, suavidade e harmonia nas lutas existenciais.

Os rituais possuem duas qualidade fundamentais, essência e aparência, que podem também ser chamadas de conteúdo e forma.

Assim, se usamos velas nos rituais, estas, na sua forma de luz (pequena e cintilante luz), têm a necessária qualidade da aparência que buscamos, da forma que desejamos. Por trás dessa aparência, dessa forma (de luz), está o conteúdo, a essência daquilo que desejamos pedir ou entender.

A cor específica de cada uma das velas é mais uma variação da aparência, da forma. Com essa variação, dependendo de como vamos usá-la nos rituais, estamos desenvolvendo outro conteúdo, essencialmente buscando algo diferente, e as cores vão nos ajudar.

Embora alguns símbolos não mudem e precisem ser aceitos, a criatividade e a intuição pessoal desempenham importante papel nos rituais. Por exemplo, num ritual de busca do verdadeiro amor, podemos usar a vela rosa. No entanto, nossa intuição, fantasia ou criatividade podem nos pedir a vermelha.

E podemos ter também algumas idéias diferentes em relação à forma e à aparência: envolver a vela com um pequeno laço branco, untá-la com um óleo especial, acendê-la num canto protegido do jardim em vez de na sala ou no quarto, acender uma vela de sete dias, e não a comum, e outras modificações pessoais que nossa imaginação possa sugerir, como autêntica maneira de atrair e de sentir a presença de Deus.

Invisível e sutil, secreta e poderosa como uma energia de poder, bondade e amor, assim será a essência de cada um desses rituais. Unido à forma, à força e à magia do símbolo, esse conteúdo de energia (invisível, porém atuante e dinâmico) se manifestará, tornando reais os nossos sonhos e desejos.

Lembre-se sempre, acima de tudo, de que a força maior da forma (aparência) e do conteúdo (essência) de um ritual é a verdade, a sinceridade de seus pedidos. Apenas esta sinceridade, a verdade da sua fé e confiança, conseguirá despertar emoções profundas na alma e no coração. E nesse despertar, chegam então muito perto de você os poderes divinos dos Mestres, Arcanjos e Anjos. Eles com certeza tudo farão para ajudá-lo, trabalhando num plano invisível para trazer mais luz, alegria, saúde e amor a sua vida.

Eles sempre agirão de acordo com a Vontade de Deus. Mas a sua fé no amor e na misericórdia divina conseguirá as mais necessárias transformações. E os mais difíceis caminhos, as fases de angústia e dor, tristezas e conflitos... tudo poderá melhorar.

1º de Janeiro:
Sabedoria e Prosperidade
(Mestre Ascenso El Morya = equilíbrio emocional, disciplina e determinação)

Você deve fazer este ritual no primeiro dia do ano, num momento tranqüilo e no lugar ideal, com concentração e confiança. Prepare um pequeno altar, se possível. Ou, então, acenda apenas uma vela e o incenso. A vela precisa ser azul e o incenso de mirra ou rosas. Se quiser, e se possível, acenda uma vela dourada também.

Antes de pronunciar os decretos ou orações, escreva uma cartinha para Mãe Maria, Mestre Jesus, Mestre El Morya e Arcanjo Miguel. Nela, você vai pedir uma grande realização pessoal, um sonho muito especial que ainda não se concretizou. Explique bem, se necessário fornecendo os detalhes e as circunstâncias específicas relacionadas a esse sonho e à sua vitória pessoal. Deixe sua carta sob a vela, num pires ou castiçal, e diga com muita fé:

"Em nome de Deus, Nosso Pai, do Amado Mestre Jesus, Amada Mãe Maria e do meu Santo Cristo Pessoal, eu peço ao Mestre El Morya a força interior, o equilíbrio e o poder da vontade para realizar o meu sonho. Peço que os anjos da Vontade de Deus me ajudem a concretizá-lo neste ano, e que os anjos de Proteção, sob a luz do Arcanjo Miguel, me iluminem e inspirem. Que as minhas decisões possam ser justas e úteis, e o meu caminho seja harmonioso, me levando cada vez mais perto da vitória."

Faça mais de uma vez esse pedido. Em seguida, leia sua carta em voz alta. Feche os olhos por alguns instantes e mentalize uma grande luz azul envolvendo o planeta Terra. Peça então paz, fraternidade e justiça social para toda a humanidade.

Relaxe um pouco, inspire e expire lentamente com concentração e visualize uma grande chama azul com você dentro dela. Expirando lentamente, diga: "Que este pedido se realize, para que a verdadeira felicidade expanda-se na Terra, no meu país, na minha família e na minha vida pessoal, de acordo com a Vontade de Deus. Que assim seja".

Visualize agora uma luz (ou uma chama) dourada e você dentro dela. Veja também o planeta Terra envolto nessa luz. Peça em voz alta prosperidade, amor e renascimento espiritual para toda a humanidade.

Quando a vela terminar, queime a carta e jogue as cinzas num jardim ou em água corrente.

Neste ritual você desenvolveu uma sintonia com o Mestre Ascenso El Morya. Ao lado de Jesus, Mãe Maria e Arcanjo Miguel, este ser divino o ajudará a vencer, com equilíbrio emocional, determinação e persistência. Estas qualidades, mais o auxílio espiritual, com certeza transformarão o novo ano num roteiro de vitórias, sabedoria e autêntica evolução espiritual.

Em momentos de desânimo, qualquer que seja a época do ano, você pode repetir este ritual, usando a vela azul e a dourada. Escreva, então, novamente uma carta a Mãe Maria, Mestre Jesus, Mestre El Morya e Arcanjo Miguel.

Importante: Na Parte III do seu *Livro da Alma*, a missão divina dos Mestres, Arcanjos e Anjos será mais bem explicada para que você realmente confie nesta Luz maior. No entanto, em cada ritual, passo a passo, você se aproxima desta Luz e permite que seu coração se envolva nela, e que sua vida possa receber bênçãos de cura, amor e prosperidade.

21 de Março:
Ano Novo Astrológico
com o Sol no signo de Áries
(proteção e auxílio dos anjos)

Esse é um encontro com o seu anjo da guarda. Também é possível, neste ritual, sintonizar-se com seus mentores espirituais, entidades de luz que o ajudam há tempos nessa encarnação, e entrar em contato com eles. Eles estão sempre próximos, principalmente quando nossa vibração é de paz interior, confiança, amor e fé verdadeira.

Você vai utilizar uma vela prateada. Se não for possível obter uma vela dessa cor, substitua-a por uma branca. Veja como proceder em todas as etapas desse abençoado encontro. Veja também, no final destas orientações, a cor indicada para uma *vela do seu signo*, vivenciando então, mais profundamente, a simbologia deste ritual.

✦ O dia ideal é 21 de março. Segundo a Astrologia, o Sol entra no signo de Áries, num novo ano zodiacal, num renovado movimento das estrelas e planetas no céu, trazendo assim um novo ciclo pessoal e planetário.

✦ Prefira um horário calmo, em que você possa dedicar alguns minutos a esse importante trabalho. Alguns períodos ideais são: das 7 às 12 horas, das 15 às 18 horas e ainda das 20 às 22 horas.

✦ Primeiro acenda o incenso, antes de iniciar sua concentração, visualização e preces. Esse incenso pode ser de jasmim, violeta ou rosas. Enfeite seu altar com flores ou plantas naturais.

✦ Leia com atenção as informações sobre algumas das propriedades da luz prateada (chama cor de prata) na busca de uma compreensão sobre os efeitos dessa energia:

"A energia cor de prata pode realizar profunda limpeza tanto espiritual quanto emocional-psíquica. Essa purificação vai auxiliar no desenvolvimento do 'eu' divino com sua sabedoria, intuição e inspiração. Podemos então obter as mais sábias e necessárias respostas às nossas questões pessoais ou planetárias e estabelecer um contato mais íntimo e iluminado com o nosso anjo da guarda pessoal e nossos mentores espirituais".

Maria Aparecida de Oliveira
(Diretora do Sol Sírius - Instituto de Pesquisas
e Estudos Metafísicos - São Paulo)

✦ Escreva uma carta ao seu anjo da guarda, fale com ele, explique as razões de seus pedidos e "abra seu coração". Veja como começar a carta:

"Em nome de Deus, do amado Mestre Jesus, da amada Mãe Maria, peço ao meu amoroso e dedicado anjo da guarda (pode-se colocar o nome dele aqui, se você souber) **que me ajude neste momento."**

Esse é o início de sua carta. O nome do seu anjo não é fundamental.

✦ Após a introdução, escreva o que você quer pedir, procurando ser claro e objetivo, detalhando as circunstâncias que envolvem sua súplica, se preciso. Peça a sua prosperidade pessoal e descreva esse ideal com realismo e sinceridade.

✦ Deixe a carta sob a vela prateada, ou branca. Acenda o incenso e a vela. Inspire profundamente e visualize seu corpo e a superfície que serve de altar numa grande chama branca. Expire lentamente e relaxe um pouco. Mais uma vez, inspire bem devagar, com concentração, e visualize agora o seu coração mergulhado numa chama ou numa grande luz branca. Ao expirar, diga com emoção e fé:

"Amado Arcanjo Gabriel, com sua legião de anjos de orientação angélica, envolva meu ser, minha vida, meus caminhos, planos, projetos e decisões na poderosa chama branca. Que os seus anjos me orientem sempre, durante todo esse ano que se inicia. Peço também a orientação angélica para os nossos dirigentes político-econômicos e sociais de todas as partes do mundo e também para todas as pessoas da minha família."

✦ Visualize o planeta Terra envolvido numa grande luz branca. Respire normalmente, bem relaxado. Visualize alguns dirigentes, autoridades, líderes políticos e sociais do mundo todo dentro de uma chama branca (escolha aqueles que lhe vierem à mente). Inspire profundamente, expire e fale:

"Que toda a Terra seja purificada pela vibração do Arcanjo Gabriel e de seus anjos de orientação angélica. E que essa luz ajude nossos líderes a governar, com sabedoria e amor, construindo para todos nós um mundo melhor, justo e fraterno."

✦ Relaxe e respire normalmente, visualize uma luz prateada ou chama branca com raios prateados. Enquanto faz a visualização, inspire profundamente e expire de forma lenta. Relaxe e respire com tranqüilidade. Visualize uma chuva prateada caindo sobre você, sobre seu altar, sobre sua carta debaixo da vela. Com essa imagem mental, inspire, retenha o ar nos pulmões e expire devagar. Relaxe um pouco e diga:

"Meu amado anjo da guarda, meus mentores pessoais, em nome de Deus, Nosso Pai, dos Mestres Ascensos e da amada Mãe Maria, ajudem-me a realizar todos estes pedidos, tudo o que escrevi em minha carta. E ajudem-me também a iluminar sempre minha alma e meu coração com sabedoria, amor e paz e a viver todos os dias desse novo ano sob a energia divina, desenvolvendo cada vez mais o poder de transformação e cura da minha alma, do meu 'eu' divino. Que assim seja, de acordo com a vontade de Deus."

✦ Deixe a carta sob a vela, até que a chama se extinga. Viva esse dia com alegria interior e com muitas esperanças e sonhos no coração. E quando a vela terminar, pegue sua carta e guarde-a com você, acompanhando cada pedido que for atendido.

Neste texto complementar sobre os anjos, você compreenderá melhor a importância deles para o desenvolvimento dos potenciais da alma:

Anjos

Os Anjos são seres que vivem na presença de Deus. Quando presentes na nossa consciência humana, eles nos inspiram a contatar a essência de tudo que existe e a não esquecer nossa origem espiritual. A presença angélica nos ajuda a tornar claro o propósito de nossa vidas.

Por estarem em dimensões que não estão associadas a processos biológicos, os anjos se aproximam da nossa dimensão material como forças de estabilização, como raios de luminosa tranqüilidade que irradiam paz e segurança e nos vitalizam com energias renovadas de amor eterno.

Neste momento do planeta, os anjos regressam para ajudar a dissolver os conceitos cristalizados que nos impedem de entrar em contato com a fonte de sabedoria perene e inerente ao nosso ser. Hoje, a sua tarefa mais importante é mudar o curso dos interesses humanos, que ainda seguem as orientações do pensamento e ação centradas no medo, para uma atividade e pensamento totalmente centrados no amor. Esse amor está sendo canalizado através de todo ser humano cuja consciência esteja aberta para viver com os anjos, uma parceria interior que se tornará cada vez mais natural e sincrônica.

Sônia Café

A cor de cada signo (use-a na sua vela, se quiser)

Áries: vermelho
Touro: verde e rosa
Gêmeos: amarelo
Câncer: branco e cinza
Leão: dourado e laranja
Virgem: marrom e azul-marinho

Libra: azul e rosa
Escorpião: púrpura
Sagitário: azul-marinho
Capricórnio: preto e cinza-claro
Aquário: cores vivas e diferentes ou prateada
Peixes: verde-mar

No Domingo de Páscoa: Ritual para renascimento e cura do coração

Você vai precisar de três velas: azul, rosa e amarela. Coloque-as em triângulo, a amarela na ponta, a rosa à esquerda e a azul à direita. Acenda um incenso. Se quiser, coloque flores ou plantas num vaso próximo das velas, um copo com água potável e alguma imagem de Anjo, Arcanjo ou Mestre Ascenso. É bom ter neste ritual a imagem de Jesus e da Mãe Maria.

Após acender as velas e o incenso, fale em voz alta com emoção e fé:

> "Nestes abençoados momentos de sintonia com Deus, Amado Mestre Jesus, Mestres Ascensos, Arcanjos e Anjos e Amada Mãe Maria, peço que meu coração e todos os caminhos da minha vida sejam envolvidos na poderosa energia de Sabedoria e Iluminação. Amados Mestres Ascensos, enviem seus Anjos de Sabedoria para me auxiliar nas decisões, nos caminhos ideais para minha felicidade e prosperidade."

Faça aqui seus pedidos pessoais, de sabedoria e inspiração para situações difíceis, conflitivas. Peça iluminação interior para os líderes do nosso planeta, evolução espiritual para a humanidade. Visualize uma grande chama amarela, enquanto faz os pedidos. Continue:

> "Amados Mestres Ascensos, Mestre Jesus Cristo e Mãe Maria, eu peço que a vibração de paz e evolução espiritual envolva meu coração, tirando dele, agora, toda mágoa, ressentimento, insegurança e ansiedade. Peço ao Arcanjo Miguel muita proteção nos meus caminhos pessoais e sentimentais. E equilíbrio emocional, persistência e disciplina para conquistar as verdadeiras vitórias pessoais e sentimentais."

Visualize agora, uma grande chama rosa. Deixe-se envolver nela e fale com confiança:

> "Peço aos Amados Anjos do Amor e ao Arcanjo Chamuel que a maravilhosa energia do amor me envolva agora e ao meu coração, trazendo para mim a verdadeira auto-estima, confiança, otimismo, esperanças renovadas e férteis."

Faça aqui os seus pedidos para resolver, amenizar, esclarecer problemas amorosos, brigas, afastamentos, solidão... Feche os olhos, concentre-se, visualize uma chama (ou luz) azul envolvendo-o. Envolva nela também as pessoas que fazem parte da sua vida amorosa e familiar. Visualize o Mestre Jesus dando as mãos para todos, um por um. Peça aos Anjos da Paz que ajudem os países em guerra. Veja mentalmente os líderes políticos desses países envolvidos numa luz (ou chama) azul. Envolva também o seu lar nesta luz e nesses pedidos de proteção e paz.

Encerramento:

"Agradeço a Deus por estas poderosas e curativas energias de amor, sabedoria e paz que me foram enviadas. Que os Anjos do Amor me acompanhem, me ajudem sempre, de acordo com a vontade de Deus. Amado Mestre Ascenso Jesus Cristo, Amada Mãe Maria, Arcanjos e Anjos dos sete raios, agradeço por todas as bênçãos e auxílio que acabo de receber. Assim seja."

Quando as velas acabarem, beba a água e procure se sentir tranqüilo, com o coração repleto de sonhos e esperanças renovadas. Agradeça a Deus sempre pelo maravilhoso milagre da vida, pela essência divina do seu coração, capaz de transformar e criar o melhor para você e para todos.

Harmonia e prosperidade no seu lar

Faça este ritual de preferência no início da lua crescente, numa quinta ou sexta-feira, pela manhã. O mês de maio é ideal para atrair vibrações de amor e prosperidade aos familiares e para você mesmo.

Acenda um incenso de rosas ou violetas e percorra todo o ambiente, falando em voz alta o que deseja para você e sua família.

Depois acenda uma vela rosa ou branca de sete dias num prato branco, cercado de seis moedas douradas ou prateadas, cobertas com mel, pó de canela e pétalas de rosas brancas, amarelas e vermelhas.

Enquanto acende a vela, converse com os Anjos protetores de sua casa para que atraiam prosperidade, felicidade e saúde para todos os membros de sua família. Sob a vela de sete dias, você pode colocar os nomes de todas as pessoas que você quer ajudar.

Reze a sua oração favorita e agradeça antecipadamente por toda a riqueza e harmonia que você está trazendo a seu lar por meio da ajuda angélica. Depois que a vela queimar até o fim, doe as moedas a alguém necessitado, imaginando que você está distribuindo sementes de sucesso e prosperidade.

Repita todo mês, ou sempre que sentir necessidade.

(Consultoria: *Norma Blum*, escritora, terapeuta e angelóloga)

Ritual para atrair um verdadeiro amor

Você pode acender uma vela rosa e uma azul. Deixe-as ao lado de um vaso com flores, um copo com água potável e, se quiser, acenda um incenso. Coloque sob as velas os seus pedidos em relação ao amor, colocando também o seu nome e do seu parceiro (a) ou de alguém que lhe interesse muito sentimentalmente.

Inspire lentamente e mentalize uma grande chama, ou uma grande luz rosa. Agora visualize você, a vela e os seus pedidos dentro desta energia rosa. Expire lentamente, repita este exercício mais duas vezes. Então peça:

> "Amado Arcanjo Chamuel, com sua legião de anjos de amor, envolva agora meu coração, minha vida e meu relacionamento amoroso no seu poderoso raio rosa. Eu lhe peço auxílio neste momento, peço aos Anjos do Amor que me ajudem a vivenciar, nesta existência, um relacionamento amoroso ideal, que me faça feliz. Peço também

a energia do verdadeiro amor para todos os meus familiares, para meu país e para todo o planeta."

Visualize agora uma luz (ou chama) azul envolvendo você e o seu companheiro(a) e peça mentalmente equilíbrio emocional, sabedoria e prosperidade para ambos. Dirija seus pedidos para o Mestre Jesus, Mãe Maria e Anjos da Paz.

Em seguida, leia seus pedidos e deixe-os sob a vela. Reze com muita fé uma oração de sua preferência. Ao término da vela, beba a água. Guarde os pedidos com você até que se realizem de acordo com a vontade de Deus.

Este ritual pode ser feito em datas significativas relacionadas a namoro, amor ou casamento, ou ainda nas sextas-feiras (dia de Vênus), de preferência na fase de lua cheia.

Nos primeiros dias da primavera faça um ritual para realizar seus sonhos, esperança e metas

Escolha uma vela da cor do seu signo e também a sua flor. São símbolos especiais que vão enriquecer este momento de sintonia com a luz divina, com os Mestres, Arcanjos e Anjos. A vela dourada também é ideal para este ritual, ou ainda, branca, simples e comum.

No final destas orientações você ficará sabendo qual é a flor do seu signo astrológico. Com ela, ou muitas delas, poderá embelezar seu altar.

✦ Escreva numa folha de papel tudo aquilo que você quer tirar da sua vida, que atrapalha e traz infelicidade.

✦ Numa outra folha, escreva o que você quer atrair para a sua vida, em todas as áreas.

✦ Prepare um altar com uma vela rosa, se possível com a vela da cor do seu signo. Coloque-as sob um pouco de mel e algumas flores ao redor. Use um incenso de flores e alguns cristais, se você os tiver.

✦ Acenda a vela e o incenso. Deixe uma música suave e envolvente tocando baixinho.

✦ Faça uma prece em voz alta a Deus, Jesus, Mãe Maria e ao seu anjo da guarda. Peça auxílio também aos Arcanjos e Anjos dos 7 raios para que eles lhe tragam amor, paz, sabedoria, saúde e prosperidade.

✦ Leia em voz alta tudo aquilo que você quer expulsar da sua vida, explicando por que quer isso.

✦ Leia agora o que você quer trazer para sua vida, explicando o porquê.

✦ Visualize uma grande chama (luz) rosa envolvendo você e seu altar. Relaxe um pouco. Em seguida visualize uma grande luz dourada.

✦ Peça também muita luz, sabedoria e amor para toda a humanidade, encerrando assim o seu ritual:

"Que a renovação espiritual aconteça em todos os cantos da Terra e que nossos mentores espirituais nos ajudem sempre e cada vez mais, de acordo com a vontade de Deus. Que eles também me ajudem a realizar, a partir desta primavera, os meus sonhos, planos e projetos. Que assim seja."

✦ Quando a vela acabar, rasgue as folhas de papel e as queime.

Sinta-se realmente alegre e otimista, aguardando com confiança um novo ciclo que se inicia.

As flores de cada signo

Áries	primavera e cravo
Touro	lírio e dente-de-leão
Gêmeos	narciso e angélica
Câncer	acácia e néroli
Leão	papoula e crisântemo
Virgem	camélia e madressilva
Libra	rosa e violeta
Escorpião	melissa e cravo
Sagitário	cravo-da-Índia e violeta
Capricórnio	papoula preta e angélica
Aquário	trevo e flores campestres
Peixes	lírio e ciclames

Renascimento e luz numa outra dimensão

Um ritual para as almas que já retornaram ao mundo espiritual precisa conter muita fé e esperanças sinceras numa nova vida. E uma nova vida com certeza é o que estão experimentando essas almas, de acordo com o estágio evolutivo em que se encontravam quando deixaram a Terra.

É importante entender que ao abandonar seu corpo físico, nem sempre a alma já está preparada para entender e aceitar a continuidade da vida numa outra dimensão.

As preces, rituais e os momentos em que nos lembramos dessas almas queridas precisam conter a *nossa* convicção de que elas realmente continuam a *viver*.

Nem sempre é recomendável acender uma vela. E existem escolas espiritualistas completamente contrárias aos rituais com velas para aqueles que fizeram a chama transição.

Eu, particularmente, gosto de velas. Para mim, elas sempre vão significar um ponto de luz, clareando a alma, iluminando os caminhos e pedindo com humildade e fé o auxílio dos mestres e anjos.

Acredito que as velas podem complementar esses momentos tão puros em que buscamos a luz, o amor e a misericórdia divina.

E então... num dia especialmente dedicado aos irmãos que partiram (Finados, no dia do aniversário e outros), se você quiser acender uma vela, escolha uma da cor violeta ou lilás.

Coloque o nome da pessoa sob a vela e escreva num papel tudo o que você deseja para ela. Por exemplo: sabedoria, amor verdadeiro, perdão, paz...

Se quiser, pode acender um incenso e enfeitar o altar com flores: isso com certeza trará uma vibração renovada em beleza e harmonia.

Faça suas preces preferidas, dedicando-as a essa pessoa. Então a visualize, numa grande luz violeta, rosa ou lilás. Peça aos *anjos da chama violeta* e ao anjo da guarda de .... (pronuncie o nome da pessoa) que estejam com ela nesse momento, orientando, confortando e a conduzindo para colônias espirituais de amor e cura.

No caso de mortes violentas, crimes, suicídios ou acidentes, acenda uma vela de 7 dias e todos os dias renove suas preces, falando sempre o nome da pessoa e reforçando toda a felicidade que deseja para ela, agora, em sua nova vida.

Eu acredito que, se conseguíssemos vibrar desta forma pelos nossos queridos ausentes, eles poderiam se adaptar muito melhor às condições de vida numa outra dimensão. É claro que, para chegar a esta crença, precisamos ter sensibilidade e conhecimento. Sensibilidade para conseguir perceber a realidade do espírito, aqui na Terra e em outras dimensões. E conhecimento adquirido com a leitura e a pesquisa sobre estes temas num vasto material à nossa disposição, parte dele com algumas bases mais lógicas e científicas.

Peça, então, para essas almas temporariamente ausentes que um novo aprendizado se desenvolva agora, com mais luz e sob a proteção dos mestres e anjos.

Um dia... nunca saberemos como, nem quando, nós as reencontraremos numa abençoada sintonia. E nos sentiremos felizes, numa grande festa de amor.

Nas Festas do Natal, enriqueça o seu cotidiano com rituais de amor e cura

> "Os acontecimentos futuros de transformação da Terra são reais e ocorrerão conforme foram previstos. É de extrema importância a sua busca de unidade com Deus, nosso Pai. É fundamental que você encontre Deus dentro de si mesmo."
>
> – Annie Kikwood

Todos os dias podem trazer autênticos milagres de amor e cura. Em rituais secretos, preces silenciosas, súplicas desesperadas, estes milagres acontecem. E se você os perceber, agradeça sempre. Envie bênçãos de amor e gratidão para outras pessoas, para que elas também consigam a paz, a sabedoria e a cura.

Na verdade, em todos esses dias que fazem parte das comemorações do Natal, nosso Amado Mestre Jesus está muito próximo de nós, mais perto ainda, principalmente, de sua alma e do seu coração.

Se você quiser, deixe um pequeno altar preparado a partir do dia 15 de dezembro, com velas, incenso e flores. E também, se possível, com imagens bonitas de Jesus, Mãe Maria e Anjos. Coloque neste altar, sob as velas, os nomes das pessoas que você quer e precisa ajudar, lembrando-se também de colocar o seu.

Explique em algumas linhas, abaixo de cada nome, o que deseja para estas pessoas: saúde (cura), prosperidade financeira, amor, equilíbrio emocional...

E em relação às velas, aqui vão algumas sugestões: dourada, azul-anil, rosa-lilás, violeta, verde (ideal para prosperidade e cura), púrpura (cor de maravilha), laranja e branca. Cada uma delas tem um simbolismo especial. A vela laranja, por exemplo, é muito indicada para tomar decisões e também para o sucesso intelectual/profissional. Veja na tabela dos Mestres Ascensos (Parte III deste livro) mais detalhes sobre as cores e suas energias de cura.

Escrever uma carta sincera e humilde ao Mestre Jesus e à Mãe Maria vai lhe trazer sempre uma resposta, renovando esperanças, ajudando na cura de doenças físicas, mentais ou emocionais. Deixe esta carta sob a vela (ou velas) e a leia sempre para si mesmo durante esses dias, nos quais a magia do Natal nos envolve em vibrações de amor e alegria interior.

Estas são apenas algumas sugestões para você refletir melhor sobre a importância do Natal; e muitas outras idéias surgirão. Aproveite-as com entusiasmo e fé. E lembre-se de convidar os familiares quando sentir a importância deste convite, para que eles participem dos rituais. Isso poderá trazer mais amor e harmonia a essa sua busca renovada de espiritualidade e luz.

Uma outra conseqüência muito importante dessa maneira de vivenciar o Natal (além das alegrias das compras, presentes, etc.) é que nenhum sintoma de tristeza ou depressão chegará perto de você. Ao invés disto, sua alma se alegrará passo a passo e se tornará uma verdadeira cúmplice para muitas conquistas, inclusive as mais difíceis e tão necessárias, como a saúde perfeita e uma prosperidade real.

Converse um pouco todas as noites, antes de adormecer, com o Mestre Jesus. E sinta a alegria e o amor da Sua presença nos seus sonhos e no seu despertar para mais um dia de muitas vitórias, confiança e paz.

Capítulo 7

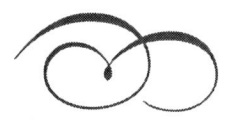

COMO UTILIZAR MELHOR OS 7 PERÍODOS DO DIA

Podemos usar determinados períodos do dia para favorecer alguns setores da nossa vida, como os negócios e a vida pessoal. Utilizado por místicos e espiritualistas, este sistema é muito interessante, prático, com excelentes resultados. Vamos conhecer um pouco desse verdadeiro guia, de acordo com o livro *Autodomínio e o Destino com os Ciclos da Vida* (H. Spencer Lewis, Biblioteca Rosacruz).

O ciclo que vamos apresentar divide as 24 horas do dia em 7 períodos de aproximadamente 3 horas, 25 minutos e 43 segundos (03h25m43s). Começa e termina à meia noite e o seu ponto central é o meio-dia.

Esses períodos se adaptam a qualquer país, sendo a hora em questão baseada na hora local de onde você mora ou de onde você está no momento (em casos de viagens ao exterior). *Não se deve levar em consideração o horário de verão* ou qualquer outra variação temporária da hora local.

Os períodos e os dias da semana: Os períodos de cada dia não têm o mesmo significado. Por exemplo, o primeiro período de uma segunda-feira é bem diferente do primeiro período de terça-feira. Mas cada período de uma quarta-feira, por exemplo, será idêntico ao de todas as quartas-feiras.

Na tabela você verá que cada período de cada dia da semana corresponde a uma letra. Logo abaixo dela você encontrará uma descrição do significado e conteúdo de cada período e como usufruir melhor dele.

Algumas recomendações:

✦ Deve-se usar sempre o bom senso no que diz respeito aos períodos que abranjam, por exemplo, as altas horas da noite ou madrugada, pela impossibilidade de usá-los para tratar de assuntos gerais. Além disso, verifique o que se adapta melhor ao assunto, já que vários desses períodos preenchem a mesma finalidade.

✦ Tenha alguns cuidados quando o período não for favorável para determinados assuntos. Por exemplo, quando tiver de assinar um contrato. Ao verificar a tabela dos períodos de cada dia da semana você constata ser uma hora desfavorável para tal transação. Não se deve aguardar até um período mais propício, pois isto acarretaria uma condição artificial, nada resolvendo. Lembre-se sempre de que o mais importante e significativo é o período em que o assunto chega até nós pela primeira vez. Procure interpretar isso sem radicalismos.

✦ Devem merecer toda a atenção, para o uso desta tabela, assuntos de importância vital, que pedem uma análise cuidadosa, estudo e pesquisa. Devemos evitar usá-la para assuntos de menor importância ou afazeres rotineiros.

✦ Uma outra informação (minha): evite acender velas após as 22 horas. E saiba que os melhores horários para buscar sintonia e auxílio espiritual são as primeiras horas da manhã (das 3 h às 6 h, por exemplo). É claro que isso não deve preocupá-lo em demasia. Os rituais desenvolvidos entre 18 h e 18 h 30 também recebem uma dose maior de energias e vibrações divinas. Isso também acontece no período da manhã (até as 12 h). Apesar disso, faça sempre seus rituais naqueles momentos em que sentir uma inspiração autêntica e motivação.

Tabela dos períodos de cada dia da semana

Período de tempo	DOM.	SEG.	TER.	QUA.	QUI.	SEX.	SÁB.
Nº 1 Meia-noite às 03:25	G	C	F	B	E	A	D
Nº 2 03:25 às 06:51	A	D	G	C	F	B	E
Nº 3 06:51 às 10:17	B	E	A	D	G	C	F
Nº 4 10:17 às 13:42	C	F	B	E	A	D	G
Nº 5 13:42 às 17:08	D	G	C	F	B	E	A
Nº 6 17:08 às 20:34	E	A	D	G	C	F	B
Nº 7 20:34 à meia-noite	F	B	E	A	D	G	C

PERÍODO "A": Este período é favorável para desenvolver detalhes de um plano ou projeto. Solicitar favores para pessoas bem posicionadas; cuidar de questões legais; pedir empréstimos; tratar com funcionários públicos; assinaturas de escrituras, transferências; redigir cartas solicitando favores, promoções, recomendações; obter crédito pessoal ou para negócios com banqueiros e financistas; campanhas de publicidade para consolidar a boa reputação comercial.

Desfavorável: Tratar com criminosos; assuntos criminais e advogados; iniciar novos negócios ou planos; viagens curtas; noivados e casamentos; submeter-se a cirurgias; compra, venda e aluguel de imóveis.

PERÍODO "B": É um período no qual tudo que se iniciar apresentará excelentes resultados. É favorável às artes e à decoração; efetuar cobranças; novas amizades; viagens curtas que não excedam um mês; casamentos e noivados, conceder ou solicitar empréstimos; lazer; empreendimentos e investimentos financeiros; solicitar favores; realizar novos projetos nos negócios ou divertimento.

Desfavorável: Empreender longas viagens, que nos levam a lugares muito distantes; contratar empregados domésticos.

PERÍODO "C": Bom para tratar de assuntos referentes às artes e aos aspectos intelectuais da vida, como educação, pesquisas científicas, publicação de trabalhos, estudos, análise de documentos, livros e propostas, ou questões legais. É favorável também para firmar contratos; cobranças; viagens curtas; campanhas publicitárias; tratar da saúde; planejar novos empreendimentos; assinar documentos importantes; realizar negócios difíceis.

Desfavorável: Tratar com adversários junto à justiça e com advogados; casamentos; solicitar promoção no trabalho; pedir favores de pessoas influentes; negócios com imóveis; desenvolvimento e concentração espiritual.

PERÍODO "D": Favorável a assuntos de ordem material; trabalho educacional; iniciar trabalhos agrícolas; novas amizades; tratar com público; escrever, revisar trabalhos literários e jornalísticos; fazer uso de remédios ou auxílios terapêuticos; tratamentos cirúrgicos.

Desfavorável: Novos empreendimentos; contratos e assinaturas de qualquer documento legal; empréstimos; assinar promissórias; solicitar favores ou auxílios importantes que tenham conexão com nossa vida pessoal, comercial ou social.

PERÍODO "E": Período favorável para permanência de qualquer coisa que foi começada nesta fase; atividades dinâmicas ou aquelas que requerem profundo raciocínio; tratar com pessoas influentes; trabalhos jornalísticos e de publicidade; medidas para aumento de vendas; ações legais em tribunais; mudanças para casa ou escritório novos; vender, comprar ou repassar negócios imobiliários.

Desfavorável: Contratos e acordos de qualquer espécie; fazer cobranças; começar trabalhos agrícolas, iniciar viagens longas; lazer; obtenção de empréstimos.

PERÍODO "F": Período dos mais afortunados e de sorte. Favorece novos empreendimentos; compra de animais e tudo que se refere a eles; redigir contratos ou assiná-los, bem como documentos e acordos; cobranças ou levantamento de dinheiro; iniciar viagens longas ou curtas, de negócios ou lazer; casamentos e noivados, assuntos judiciais, atividades literárias, empréstimos; reuniões de negócio; compra e venda de imóveis.

Desfavorável: Período que traz consigo grande energia para o corpo e a mente e nos induz a excessos de várias espécies. Nos negócios é mais favorável aos homens, mas em assuntos sociais favorece as mulheres. Apesar de ser um período positivo, exige cautela e prudência.

PERÍODO "G": Favorece assuntos que exijam energia, agressividade, resistência e constância. Excelente para atividades físicas: cobranças; solução de inventos; atividades científicas. Para as mulheres, favorece a obtenção de favores dos homens, tanto nos negócios como na vida social.

Desfavorável: Tratar com adversários; iniciar viagens longas; mover ações judiciais ou tratar de assuntos que se relacionem com advogados e tribunais. Período em que podem ocorrer desastres e acidentes. Desaconselhável para intervenções cirúrgicas, casamentos ou noivados e solicitação de favores em geral.

Outra importante orientação

Com certeza, você evitará qualquer espécie de radicalismo em relação a informações sobre influências e vibrações dos dias, meses e anos.

Entretanto, parece-me fundamental ressaltar que a sintonia do nosso microcosmos (eu divino, alma) com o macrocosmos (Deus, Grande Arquiteto, Hierarquias Cósmicas) realmente existe. E podemos compreendê-la, *podemos tentar viver mais de acordo com as leis desta sintonia.* Neste sentido, sem exageros, é importante conhecer e respeitar as regras dinâmicas (a estrutura) que direcionam as vibrações contidas no tempo/espaço em que vivemos, em sintonia com as regras (o movimento) das vibrações cósmicas (divinas).

Reflita sobre isto e aproveite da melhor maneira possível as conclusões de sua alma. Acima de tudo, as comprovações mais práticas destas regras acontecem de fato, se você observá-las melhor. E isto se aplica à Astrologia, Numerologia e a uma enorme variedade de conhecimentos do Ocultismo, da Cabala, dos Mestres Ascensos e das Escolas Iniciáticas.

Capítulo 8

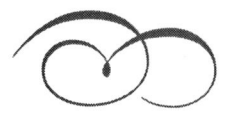

A INFLUÊNCIA DAS FASES DA LUA

"A Deusa sorri sobre nós na Lua radiante. Ela preenche o ar de magia, e seu toque prateado transforma as ofuscantes cores do dia em sombras sutis. Ela sussurra para nós sobre sonhos possíveis e de outras dimensões, pois é senhora da transformação, soberana do inconsciente."

TERESA MOOREY

A IMPORTÂNCIA DE CONHECER, segundo a Astrologia, o seu signo lunar, bem como utilizar uma tabela com a fases da lua para atividades como agricultura e navegação entre outras, faz parte de uma compreensão maior sobre a lua e seus efeitos vibratórios na energia pessoal e planetária. Aqui, vamos apenas tratar dos aspectos mais simples e práticos desta reconhecida influência, também romântica, misteriosa e poética.

A alma é sensível aos ciclos da lua e suas fases, assim como o corpo físico e a Natureza. É conhecida a relação da lua com o amor, o momento de começar um projeto, plantar, cortar o cabelo, fazer uma dieta alimentar, etc.

Lua Nova:

Rituais de renascimento
Finalizar processos demorados
Traçar metas emocionais
Descansar
Mudar o visual
Realizar atividades mentais e psíquicas

Lua Crescente:

Rituais de esclarecimento
Plantar árvores de folhas, flores e frutos
Cortar o cabelo para que cresça rápido

Lua Cheia:

Festas, celebrações, encontros
Inauguração de espaço para grupos, comemorações
Encontros amorosos
Acontecimentos públicos comemorativos
Rituais de magia e ocultismo, de consagração e agradecimento

Lua Minguante:

Realizar intervenções cirúrgicas
Cortar o cabelo para que cresça forte
Finalizar processo, realizar balanços e concluir ciclos
Iniciar regimes de emagrecimento

E ainda: Se você procura o autoconhecimento através dos recursos da Astrologia, informe-se então sobre o significado do *seu* signo lunar. Com certeza encontrará importantes explicações sobre alguns potenciais do *seu inconsciente*. E isto poderá lhe trazer a compreensão necessária para aspectos da sua personalidade, comportamento e atitudes que permaneciam obscuros e contraditórios.

Parte III

Milagres Cotidianos da Fé

"Para que os guerreiros da luz
tenham suas armas e saibam usá-las.
Para que os filhos da luz
não fiquem indefesos
ante as trevas que se espalham."

Carlos A. Morini

Capítulo 9

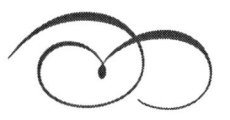

O PODER CURATIVO DA ORAÇÃO

Cada vez mais, o mundo atual descobre (ou reencontra) fórmulas e orientações baseadas nos potenciais de uma vida espiritualizada, consciente e preparada para a sabedoria e a paz interior. A busca desta sabedoria e desta paz verdadeira, mais cedo ou mais tarde, nos aproxima de Deus, do Criador, o Grande Arquiteto... e a prece assume, então, um importante papel, uma pausa reconfortante e terapêutica no automatismo do dia-a-dia. Nela, a alma consegue absorver as energias de amor e cura de uma maneira mais intensa e imediata.

Em alguns tópicos, quero resumir aqui um importante aprendizado desenvolvido no curso "O Poder Curativo da Oração". Para todos nós, que fizemos parte dele, os resultados foram maravilhosos, acima de tudo práticos e comprovados.

✦ A oração tem um poder magnético, envolvente e atuante que consegue transformar situações e etapas da vida pessoal, pode curar, iluminar, tranqüilizar.

✦ Preces, mantras, rituais e meditação são comprovadamente úteis para manter a saúde e fortalecer o sistema imunológico. Está provado cientificamente que orar pode amenizar e até mesmo eliminar o estresse. Além disso, a esperança, a vitalidade e a autoconfiança aumentam com a prática da oração.

✦ A oração afasta de nós o maior perigo que pode ameaçar a nossa verdadeira evolução: esquecermos quem somos nós, esquecermos a nossa essência divina. E para reencontrar a nossa origem, a oração é um caminho seguro, uma busca consciente de comunicação com o absoluto.

✦ Preces e rituais podem trazer soluções, caminhos inesperados para entender e resolver problemas. E podem também abrir as portas da percepção psíquica e sensitiva.

✦ O poder curativo da oração é o poder de atrair a nossa verdade interior. E esta verdade é aquela que pode nos curar.

Omar Mustafá, instrutor e diretor do Silva Mind Control para o Brasil e América do Sul, responsável também pelo curso "O Poder Curativo da Oração"

Passo a passo
nos aproximamos de Deus

Muitas pesquisas e livros já foram publicados para comprovar e explicar os efeitos da oração no psiquismo, no comportamento e principalmente nas emoções. Com certeza, é neste universo dinâmico e complexo das emoções que ela se faz tão necessária, como um autêntico instrumento para transformação e motivação. Trata-se de uma dose extra de confiança e otimismo. E todos nós precisamos disso, principalmente nas fases mais difíceis da existência.

Entretanto, são tantas e tantas as pessoas que absolutamente não "rezam" porque não conseguem, porque não acreditam, porque não sabem... Eu posso concluir, sinceramente, que estas pessoas (sem querer, é claro) estão desprezando um poderoso instrumento para atingirem suas metas e realizarem seus sonhos.

Por outro lado, eu não me sinto capaz de desenvolver aqui no nosso livro uma espécie de receita para que suas preces sejam as mais belas e úteis, quaisquer que sejam as dificuldades, dores e súplicas. Talvez esse tipo de receita não possa ser formulada. E se você refletir um pouco, logo entenderá o motivo.

À medida que conseguir realmente se familiarizar com seus momentos de sintonia com Deus e incluir essa busca de luz na correria do dia-a-dia, você fatalmente descobrirá o seu estilo, a sua linguagem, a sua fórmula ideal, que nunca será a mesma, nunca será igual. E descobrirá, passo a passo, palavras novas, uma outra oração, uma música... sempre e cada vez mais, a melhor maneira de dividir seus sonhos, seus medos e suas tristezas.

E então poderá se tornar cúmplice de uma incrível transformação interior e exterior, em que os milagres acontecem de uma maneira natural e pura. Os tratamentos e as "cirurgias espirituais" se tornarão uma rotina na sua vida pessoal e familiar.

Um dia, em todo o planeta, as curas de doenças acontecerão quase sempre através da Medicina Espiritual. Pouco a pouco ela fará parte de nossas vidas, numa nova era que se aproxima cada vez mais, na qual a alma alcançará sua própria luz. E então entenderemos os seus potenciais, chances e mais chances de harmonia, amor e cura para toda a humanidade.

Capítulo 10

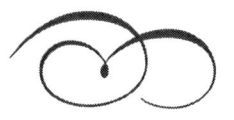

TERAPIAS E CIRURGIAS ESPIRITUAIS

"Espantava a febre com o seu toque de neve, e ela se retirava; e surpreendia os membros endurecidos com sua própria calma, e estes se curvavam a Ele, e ficavam em paz."

KALIL GIBRAN

É CLARO QUE UM LIVRO INTEIRO poderia ser escrito sobre este tema. Na verdade, já existem muitos e eles despertam grande interesse. Além dos livros, centros holísticos, "espaços alternativos", a cura espiritual acontece muitas e muitas vezes na intimidade da *sua prece pessoal*. Ela acontece também na pureza da sua fé diante de um altar e no conteúdo profundo e envolvente do seu ritual.

Este é um momento importante do nosso *Livro da Alma*. Vou contar para vocês a história bastante resumida de um grupo espiritualista que conseguiu se especializar em curas, cirurgias e tratamentos espirituais. Esta história vai ser contada através do depoimento da maior líder dessa instituição. E nas páginas finais deste livro, você encontrará informações mais objetivas sobre esse lugar, um autêntico hospital onde abnegados voluntários desenvolvem seus potenciais para a cura. E ela quase sempre acontece, segundo a Vontade de Deus, principalmente através da fé, que envolve e fortalece os médiuns, instrumentos da misericórdia e sabedoria Divina.

O grupo espiritualista do Dr. Goldenberg

"Eu tinha 4 anos de idade e já curava as pessoas, principalmente as feridas da pele. Eu aplicava nelas uma espécie de passe magnético, e as 'benzia' como diziam os vizinhos. E elas cicatrizavam."

Este pode ter sido o começo da história de Maria Aparecida B. Pandim, um caminho longo, repleto de obstáculos e tristezas, e que ainda está longe do fim.

"A minha mãe", ela continua, "não aprovava as curas, e ficava muito assustada, sempre querendo me levar num médico-psiquiatra. Este tipo de reação talvez tenha influenciado as minhas dificuldades emocionais em relação a esta minha mediunidade de cura. Somente após os 30 anos, mais ou menos, é que realmente eu consegui me dedicar."

Hoje Maria Aparecida tem mais de 50 anos, o rosto ainda jovem, os olhos verdes e brilhantes... sempre muito tranqüila, alegre e, acima de tudo, incansável, andando de um lado para outro entre as camas da sala de cirurgia.

"A cirurgia espiritual acontece no perispírito, no corpo astral. Quando ele adoece, os efeitos, mais cedo ou mais tarde, aparecem no físico. O Dr. Goldenberg, meu mentor espiritual, faz (através das minhas mãos) uma cirurgia neste corpo astral e quase sempre, graças a Deus, a cura acontece."

As consultas são rápidas e "Cida", canalizando seu mentor, atende a todos, especialmente aqueles que procuram pela primeira vez esse tipo de tratamento. E muitas pessoas que a procuram conseguem ver uma variedade de aparelhos diferentes, como se viessem "de um outro planeta". Através desta "vidência" (visão espiritual), ficamos conhecendo um pouco mais sobre as curas, os resultados tão benéficos das cirurgias e terapias que acontecem naquela sala.

"Aqui, o tempo todo eu deixo de ser eu mesma, ela explica. "Tenho uma visualização de que estou numa outra sala descansando, ouvindo músicas maravilhosas. Quando as sessões de cura terminam, eu me sinto muito bem, repleta de energia e, principalmente, amor e gratidão."

Ela precisa encerrar nossa conversa. Eu a conheço há muitos anos. E conheço também os tratamentos e curas do Dr. Goldenberg e sua equipe, com resultados maravilhosos os benéficos para uma imensa maioria de pessoas.

"Que possas ser um instrumento que, com alegria, oferece um copo de água fresca em nome de Cristo. E, através do teu serviço e amor, possa toda a humanidade ser abençoada."

– MESTRE ASCENSO EL MORYA

Capítulo 11

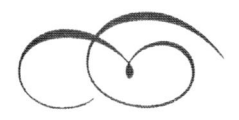

ENSINAMENTOS E AUXÍLIO DOS MESTRES ASCENSOS

A CURA DO PLANETA ESTÁ EM NOSSAS MÃOS. E isto significa, antes de tudo, curar a si mesmo. Renunciar completamente ao ódio, aos excessos e desequilíbrios em todas as áreas da vida.

Pode lhe parecer difícil. Talvez você ainda não consiga realmente perceber (e aceitar) o quanto podem ser úteis e oportunos os ensinamentos dos Mestres. Você encontrará frases e mais frases, mantras e decretos, fórmulas e orações especiais, nas mais variadas "canalizações", em todas as partes do mundo.

Você perceberá a influência deles, a energia de amor e cura dos Arcanjos e Anjos que trabalham com eles, em todas as partes do mundo. E um dia, mais cedo ou mais tarde, eles também encontrarão no *seu* mundo um espaço ideal, como amigos e cúmplices da *sua* missão.

Os Mestres Ascensos, Arcanjos e Anjos da Grande Fraternidade Branca pertencem a uma hierarquia especial, a dos 7 raios. E ao falar com eles, aprender e evoluir com seus ensinamentos, algumas condições serão necessárias. Elas são simples e naturais, e exigem acima de tudo, a entrega sincera do seu coração a esta busca de luz, este caminhar de mãos dadas com a alma, em todas as suas encarnações.

O auxílio maior em todos os dias da semana

Como conquistar uma sintonia autêntica com os Mestres Ascensos, Arcanjos e Anjos? Como sentir e viver de uma tal forma que este contato com a Espiritualidade Superior (divina) se torne natural, simples, diário?

Existem muitos caminhos e muitas respostas para estas perguntas. Talvez o mais importante deles seja aquele que o seu coração lhe indica, com a certeza interior de que realmente é o melhor.

Antes de mais nada, procure definir sua busca, sua necessidade maior de confiar num Mestre, ter fé no poder e na bondade dos Arcanjos e Anjos e esperanças sinceras nessa fonte de auxílio e luz. Existe essa busca, essa confiança, essa esperança, essa fé? Se ela existe de fato, o mais importante passo já foi dado.

Os rituais poderão lhe ajudar. E atualmente eles parecem ter voltado a fazer parte do cotidiano de milhares de pessoas. Na nossa caminhada em busca de auxílio e proteção dos Mestres, Arcanjos e Anjos, eles poderão desempenhar uma importante missão.

A maior missão de um ritual, desta ou daquela doutrina religiosa, é reconduzi-lo para Deus. E, assim sendo, reconduzi-lo para a paisagem mais verdadeira do seu ser: a sua essência divina, seu eu divino, sua alma. Neste momentos, então, quando você realmente procura a sintonia com a luz divina, todos os pedidos, preces e súplicas podem ser feitos. Abra seu coração para esta luz e permita que sua alma se envolva nela.

Como praticar os rituais?

Observe a tabela dos raios, com os dias da semana e os Mestres de cada dia. Se necessário, desenvolva um pequeno ritual em cada dia da semana para aquele Mestre ou para aquele Arcanjo especial.

É importante ter um altar ou um pequeno espaço da casa mais propício para a prática da meditação, da reflexão, da introspecção e da visualização. Veja em seguida a ilustração de um altar, como uma sugestão para o seu.

1. Coloque aqui o anjo de sua preferência, se desejar.
2. A vela pode ser colocada num castiçal ou num pires.
3. O incenso é aceso assim que você iniciar o ritual.
4. A água potável ficará fluida, energizada.
5. Flores de sua preferência ou vaso com plantas.
6. Cristais são importantes. Se for possível, coloque um deles na cor que seu coração pedir.

Na bibliografia inserida no final deste livro, você encontrará alguns títulos importantes. Nos livros indicados, sua ânsia de saber, de realmente conhecer o trabalho dos Mestres e sua sintonia com a Terra (e com cada um de nós), será satisfeita. De uma maneira consciente e segura, você se aproximará deles cada vez mais. E será capaz, sempre, de conseguir um contato, uma

uma resposta, um consolo. Acima de tudo, poderá conquistar a cura de sua alma, sabedoria e amor para o coração e saúde autêntica para a mente e o corpo.

Um raio (uma energia) de cura para cada dia da semana

Dia da Semana	Raio	Chohan (Senhor) e Arcanjo do Raio	Cor do Raio	Qualidades
Domingo	2º	Lanto, Arcanjo Jofiel e Cristina	Amarelo	Sabedoria, e Compreensão
Segunda-feira	3º	Paulo, o Veneziano, Arcanjo Chamuel e Caridade	Rosa	Amor, Bondade, Caridade, Criatividade, Beleza
Terça-feira	1º	El Morya, Arcanjo Miguel e Fé	Azul	Fé, Vontade, Poder, Perfeição, Proteção, Julgamento, Obediência
Quarta-feira	5º	Hilarion, Arcanjo Rafael e Mãe Maria	Verde e Dourado	Verdade, Ciência, Cura, Abundância, Visão, Música
Quinta-feira	6º	Mestra Nada, Arcanjo Uriel e Aurora	Púrpura e Dourado	Serviço, Ministério, Paz e Fraternidade
Sexta-feira	4º	Seraphis Bey, Arcanjo Gabriel e Esperança	Branco	Pureza, Disciplina, Alegria, Esperança
Sábado	7º	Saint-Germain, Arcanjo Zadkiel e Santa Ametista	Violeta	Misericórdia, Justiça, Liberdade, Transmutação, Alquimia, Perdão

Gráfico inspirado no livro *Decretos de Coração, Cabeça e Mão*, Mestre El Morya, por Elizabeth C. Prophet.

"Através da vossa sintonia conosco pelo uso diário dos rituais, percebereis que os fios de substância luminosa tornam-se mais sólidos, até que, como cabos indestrutíveis de diamante, nossa ligação se transforma numa estrada segura, na qual a sua alma pode viajar livremente sempre que desejar."

– Mestre El Morya

A importância da visualização

Um ritual de cura e outro para a prosperidade serão explicados no *Livro da Alma*, e neles você se encontrará com os Mestres, com os Arcanjos e Anjos. Talvez isto já tenha acontecido muitas vezes, mas desta vez poderá ser diferente.

É muito importante para estes rituais (e para todos os outros) que você desenvolva a capacidade de visualizar. Os raios de cada Mestre Ascenso devem ser visualizados como uma chama, e assim você e a sua alma se envolverão completamente nessas energias de luz, amor e cura (quando você usa velas de uma determinada cor, elas também vão ajudar na visualização).

Ao desenvolver esta capacidade de ver mentalmente aquilo que deseja conquistar, você poderá curar a si mesmo, sempre que necessário. E ainda poderá curar (ou tratar) à distância uma outra pessoa, uma cidade, um país...

Veja em seguida como preparar e desenvolver um trabalho espiritual de cura. E quando o praticar, faça-o com a mais sincera convicção, de que a sintonia com os Mestres e a visualização dos seus *raios* (*chamas*) vai trazer a cura, a recuperação da saúde e bem-estar para o corpo, a mente e a alma.

Ritual de cura com os Mestres Ascensos

Raio Verde e Dourado
Mestre Hilarion – Arcanjo Rafael e Mãe Maria

Veja na segunda orelha deste livro como visualizar melhor as cores da cura

"Sereis capazes então, ao dominardes o método pelo qual podeis conscientemente sair do corpo, passar por esta poderosa maré de luz eletrônica, alcançando vosso corpo mental e Santo Cristo pessoal, explorar os grandes recursos da Luz curativa."

ARCANJO RAFAEL, por Elizabeth C. Prophet

Se quiser usar velas, elas precisam ser verdes e douradas. Ou então apenas uma, verde, de 7 dias (ideal para casos mais graves de doenças ou desequilíbrios psíquicos emocionais). Veja em seguida algumas importantes orientações:

✦ Faça seus pedidos e preces em voz alta, com fé e emoção.

✦ É importante pedir o auxílio do Arcanjo Rafael, com sua legião de anjos de cura, e também o do Mestre Hilarion.

✦ Peça a assistência da Mãe Maria, com seu raio verde e dourado de cura. Visualize-a ao lado da pessoa doente ou ao seu lado, se o ritual for para você.

✦ Após suas orações, leia o(s) nome(s) do (s) doente(s) e explique o problema. Peça a cura, a recuperação, o auxílio da Medicina Espiritual, em nome de Deus e de acordo com a Sua Vontade.

✦ Visualize inicialmente uma chama (ou luz) branca para purificação. Em seguida, a azul para harmonia e equilíbrio emocional. E após este tratamento com estas duas energias de cura, visualize a chama verde (Mãe Maria, Mestre Hilarion, Arcanjo Rafael). Repita mais 2 vezes a visualização da chama verde, colocando dentro dela (mentalmente) as pessoas que estão doentes, uma de cada vez.

✦ Para encerrar a sua visão mental da cura e da transformação, envolva-se a si mesmo e seu altar na chama dourada. Faça o mesmo com as pessoas doentes. Peça aos Mestres Jesus, Kutumi, Lanto e aos Arcanjos Jofiel e Cristina a **cura da alma, evolução espiritual e sabedoria**.

✦ Lembre-se do copo com água, você vai bebê-lo após o término das velas. Se o ritual for para duas ou mais pessoas, deixe uma jarra com água. Ela deverá ser bebida por todos. Durante o período do seu tratamento espiritual, deixe sempre um copo com água potável ao lado de sua cama, antes de dormir. Peça para as equipes de médicos espirituais das colônias e hospitais do Dr. Goldenberg e Dr. Bezerra de Menezes que coloquem fluidos (energias) de cura na sua água, e beba-a logo, assim que acordar. Pode também pedir esse auxílio a outras colônias de cura do plano espiritual que você conheça e respeite.

✦ O incenso é importante. Assim como é importante o vaso com flores. É fundamental escrever o nome da(s) pessoa(s) num papel e colocá-lo sob a vela.

✦ Os resultados deverão ser rápidos: você logo os perceberá. Então, deve agradecer as bênçãos e curas recebidas.

✦ Lembre-se de que sempre poderá ajudar no processo de cura de outras pessoas, conhecidas ou não. Na verdade, quanto mais utilizar essas forças, essas energias de cura, para outros, além de si mesmo, maior será a sua alegria interior, seu bem-estar físico e espiritual.

✦ Dificilmente você ficará doente, deprimido ou infeliz enquanto se preocupar em aliviar problemas e dores de outras pessoas.

✦ A energia do 4º raio, do Amado Mestre Hilarion, Arcanjo Rafael e Mãe Maria, poderá se tornar uma poderosa fonte de cura ao seu alcance. Com a prática, logo você desenvolverá com mais facilidade a capacidade de visualizar.

✦ *Sobre a água:* Ela tem uma grande importância nos rituais de cura. Muitas vezes, ao bebê-la, ao terminar seu ritual, você perceberá nela um gosto diferente, típico de remédio. É importante beber sua água com gratidão, com confiança na cura. E se você usou uma vela de 7 dias, beba todos os dias a água e a substitua em seguida.

Prosperidade espiritual, intelectual e financeira

Raios branco, azul, violeta, e dourado
Mestres Seraphis Bey, El Morya, Kutumi e Saint-Germain

Na segunda orelha do livro você visualizará as cores desses raios

Estas chamas, intensificando a ação dos Raios, devem envolvê-lo como na ilustração, ou então visualize-as uma de cada vez. Procure sentir a energia divina de cada uma delas na sua alma, corpo, mente e nos seus caminhos, nesta existência.

Os Mestres Ascensos, com seus Arcanjos e Anjos, podem ajudá-lo a prosperar, a vencer etapas difíceis, passo a passo lhe trazendo as mais sonhadas vitórias. Neste ritual, você pode usar (se quiser) 4 velas: branca, azul, violeta e dourada. Pode também usar apenas e principalmente a sua capacidade de visualização. Veja em seguida algumas orientações importantes:

✦ Enquanto visualiza as chamas da melhor maneira possível, repita 2 vezes, em voz alta e com muita fé:

> "**A verdadeira prosperidade envolve minha alma neste momento e me prepara para vencer, para realizar a mais bela e útil missão. Meu coração é envolvido na chama branca (purificação), na chama azul (determinação), na violeta (transformação) e na dourada (iluminação). Que assim seja, em nome de Deus e dos Mestres da Grande Fraternidade Branca."**

✦ Faça suas preces preferidas e as ofereça aos Mestres Ascensos, especialmente para Saint-Germain, Seraphis Bey, El Morya e Kutumi.

✦ Peça também o auxílio da Mãe Maria e do Mestre Jesus Cristo. E também para o seu anjo da guarda pessoal.

✦ Explique suas dificuldades em conquistar a prosperidade. Problemas com dinheiro, relacionamentos, atitudes e comportamentos devem ser explicados.

✦ Explique os *resultados esperados*, lembrando-se sempre de complementar assim: "Que isto se realize para a minha felicidade verdadeira e de acordo com a Vontade de Deus."

✦ Finalize seu ritual pedindo prosperidade espiritual, amor e sabedoria para toda a humanidade. Peça que a bondade e a compaixão envolvam os corações dos líderes político-econômicos da Terra. E que a prosperidade possa ser conquistada por todos, com mais justiça e fraternidade.

✦ O seu altar, se você o possui, pode ser preparado como habitualmente. Flores ou plantas naturais são importantes. É também importante colocar o seu nome e os de outras pessoas (se quiser) num papel sob as velas.

Os mais belos e úteis resultados de um ritual como este vão surgir logo na sua alma e na sua mente. Você poderá se sentir mais confiante, sinceramente convicto do seu valor, sua capacidade e seu merecimento. Esta *paisagem interior*, ao lado da determinação e disciplina, lhe abrirá novas portas. E tudo começará a "fluir" com mais harmonia, mais facilidade e paz no seu dia-a-dia. Repita este ritual, com velas ou não, sempre que necessário.

Capítulo 12

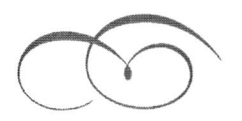

CARTAS PARA OS MESTRES, ARCANJOS, ANJOS E CONSELHO DO CARMA

Ao ESCREVER UMA CARTA para explicar, pedir ou analisar uma situação, sempre você estará desenvolvendo uma eficiente terapia, um tratamento emocional, tão necessário. Assim devem ser compreendidas as nossas cartas para os Anjos da Guarda, os Mestres Ascensos, a Mãe Maria, o Mestre Jesus e os Mestres da Hierarquia Divina, que são chamados por milhares e milhares de pessoas em toda o planeta. Você é quem deve decidir como escrever sua carta, quando e para quem, e de que maneira isso poderá auxiliar sua alma em busca de sabedoria e luz.

É importante ressaltar que com o simples ato de escrever uma carta a esses seres divinos *você já estará entrando em sintonia com eles*. E isso significa que já se sentirá melhor, com esperanças renovadas, vislumbrando novos caminhos e outras chances... Vale a pena tentar!

Uma dessas cartas pode ser realmente especial. Por exemplo, você pode tentar diminuir (ou resolver) os seus problemas mais agudos e persistentes escrevendo uma carta ao Conselho do Carma. Veja, então, algumas explicações sobre este Conselho, uma hierarquia espiritual no seu mais alto nível. Ela é responsável pelo *registro* dos nossos carmas, por novas encarnações e pelo nosso retorno ao mundo espiritual.

> "Nosso último ato na sagrada presença do Conselho é recrutar a ajuda especial que vai nos proteger durante toda a existência que nos espera: uma ajuda em forma de anjos."
>
> — SILVIA BROWNE

As dores da alma e o Conselho do Carma

De repente, você pergunta a si mesmo: tantas preces, tantos rituais, velas e incensos para tratar da minha alma? Será preciso tudo isto? Ela não é uma essência divina, uma expressão do Amor Divino, do seu Poder e da Sua Vontade? Por que preciso cuidar desta alma, trazê-la de volta a sua própria luz?

Suas perguntas, se acontecerem, são inteligentes e úteis. Talvez sejam necessários um curso completo e ainda muitos e muitos livros para que possamos entender o que pode acontecer com a alma, na sua trajetória em muitas formas de vida.

Por que ela não evolui de acordo com a leis divinas, que são construídas essencialmente apoiadas no amor? Por que tantas e tantas almas se recusam a entender realmente o que isso significa? E quais são as conseqüências dessa ignorância nos caminhos evolutivos do ser?

Por que "erramos"? Seria esta a palavra ideal? Ou melhor, por que insistimos em ignorar as leis divinas? E nem sequer buscamos compreendê-las. Ou, ainda, nem sequer admitimos que elas realmente existem...

Tantas e tantas perguntas podem nos levar a uma resposta mais importante e decisiva. Nossas dores e sofrimentos psíquicos, emocionais, subjetivos ou não, concretos ou idealizados, têm uma única origem: os desequilíbrios de nossa alma, as dificuldades que ela adquire passo a passo em cada existência. Dificuldades em compreender as leis divinas, entender o poder real do amor e os significados do verdadeiro conhecimento espiritual.

Sob o peso destas dificuldades que ela construiu para si mesma, a alma se encolhe, se enfraquece e, pouco a pouco, cada vez mais, adoece.

Então... surgem as dores. As mágoas, arrependimentos, pedaços de vida mal vividos, repletos de ilusões, sonhos que vão sendo destruídos um por um. Em cada uma dessas fases, no final de cada novo aprendizado, a alma tem uma outra chance, e até mesmo várias chances numa única vida. Ela pode realmente, se assim o desejar, reconstruir sua luz, recuperar a sabedoria, reaprender a amar. E mais uma vez se preparar para uma vida de vitórias reais, sem as dores do arrependimento, o caos de angústia sem solução, conflitos e contradições que parecem túneis profundos sem saída, sem consolo.

Então conseguimos perceber e até mesmo analisar que tudo aquilo que sofremos tanto para aprender foi de fato um carma, um dever de casa malfeito e abandonado que precisamos terminar, corrigir, revisar.

Diante dessas dores, uma grande parte delas difíceis de comunicar e dividir, o Conselho do Carma estende suas mãos, seu amor e sua misericórdia.

Você precisa entender da melhor maneira possível *o sofrimento maior da sua alma*, aquilo que impede sua felicidade e que nunca parece ter fim. Quase sempre vai e volta, sempre causando uma dor. Quando essa conscientização acontece, é o momento ideal para escrever (à mão) uma carta ao Conselho do Carma e fazer os seus pedidos, suas promessas de uma nova vida, de hábitos mais saudáveis, comportamentos mais sensíveis à necessidade de amar, compreender e ajudar.

Essa carta deve ser colocada num envelope fechado, e você deve deixá-la num pequeno e simples altar. Escreva no envelope: Conselho do Carma. **Leia sua carta antes de fechá-la.** Faça suas preces, implorando o amor e a misericórdia do Mestre Jesus, da Amada Mãe Maria, dos anjos do carma e do seu anjo da guarda. Faça uma visualização demorada e confiante da chama (raio) violeta e peça ao Mestre Saint-Germain, Mestra Porcia, Sanat Kumara e Kuan Jin que o ajudem a amenizar e se possível, resolver seus conflitos. Lembre-se de pedir também pelo carma do planeta Terra. E o visualize completamente envolvido pela chama violeta. Envolva (mentalmente) os líderes político-econômicos de vários países do mundo na energia curativa e transformadora da chama violeta. Faça isso com os líderes que surgirem na sua mente.

Este ritual vai ajudá-lo, vai lhe trazer o auxílio dos Mestres, Arcanjos e Anjos (Grande Fraternidade Branca) para enfrentar e vencer suas maiores dificuldades, problemas e dores.

Ao desenvolvê-lo, você aplica a lei maior, da Infinita Misericórdia Divina. E para que ela se manifeste, você usa a chama violeta, que contém em si mesma, na sua energia de luz, as mais intensas vibrações de amor e cura.

Veja em seguida algumas informações mais objetivas sobre o Conselho do Carma. Somente após completar a leitura será possível iniciar sua carta e envolver seus pedidos nas mais puras energias da verdadeira fé e do amor maior.

SENHORES DO CARMA

O Conselho do Carma é um conselho de sete membros que servem nos sete raios do arco-íris e administram justiça a este sistema de mundos. Eles atribuem carma, misericórdia e julgamento para as correntes de vida da Terra ao passarem perante o Conselho do Carma antes e depois de cada encarnação. Os Senhores do Carma têm acesso, através do Guardião dos Pergaminhos e dos Anjos do Registro, aos registros completos das encarnações de cada corrente de vida na Terra.

Os Membros do Grande Conselho do Carma são: Grande Diretor Divino, a Deusa da Liberdade, a Mestra Ascensa Nada, o Amado Cyclopea, Pallas Atena, a mestra Ascensa Pórcia e a Amada Kuan Yin.

Os Senhores do Carma reúnem-se, duas vezes por ano, na passagem de ano e no solstício de verão, para rever petições dos devotos não-ascensos e para conceder dispensações. Tradicionalmente, os estudantes dos Mestres Ascensos escrevem petições pessoais ao Conselho do Carma *na véspera do Ano Novo e no dia 4 de julho,* pedindo dispensações e patrocínio para objetivos construtivos.

É o momento para fazer um balanço de nós mesmos sobre os seis meses passados e fazer ofertas aceitáveis a Deus (decretos ou novenas de oração, renúncia de certos vícios de comportamento, etc.) para sermos capazes de receber dispensações no ciclo seguinte.

Oferecemos o nosso serviço perante o altar de Deus em cartas fechadas, escritas à mão, que são consagradas no altar e queimadas, pedindo pela intercessão divina nas nossas vidas pessoais.

Elizabeth C. Prophet

Importante: Essa carta pode ser escrita em qualquer época do ano. Mas, se possível, faça isso nos dias especiais, conforme o texto. E ainda: o Mestre Sanat Kumara, embora não faça parte deste Conselho, deve ser invocado. Ele é um dos protetores do planeta Terra, especialmente devotado às almas aqui encarnadas que buscam uma autêntica evolução espiritual.

Outros rituais, preces e auxílios espirituais

✦ Tenha sempre em mente que o auxílio espiritual é uma realidade tão concreta e eficiente como pode ser um tratamento com um médico respeitado, de sua confiança.

✦ Com o desenvolvimento da sua capacidade de visualização, esse auxílio espiritual será cada vez mais fácil, instantâneo e útil.

✦ Procure mais informações sobre os Mestres Ascensos, o Conselho do Carma e também sobre o poder de cura e transformação da chama violeta (Mestre Saint-Germain e outros).

✦ Desenvolva o hábito de escrever cartas sinceras aos Mestres, Arcanjos, Anjos e à Mãe Maria. Nelas, "abra o seu coração", explicando tudo aquilo que lhe traz tristeza e problemas. Jamais desista do auxílio divino!

✦ Lembre-se sempre de que a cura espiritual precisa ser complementada pelo equilíbrio emocional, auto-estima e auto-conhecimento. Tenha estes ideais em mente e lute por eles da melhor maneira possível.

✦ Leia, com alegria interior e entusiasmo, a Parte IV do *Livro da Alma*. Nela, alguns caminhos especiais poderão lhe trazer novas idéias, muita criatividade e sabedoria para atrair cada vez mais os poderes da luz maior. E, de acordo com a Vontade de Deus, fortalecer os poderes *da sua alma* para sua felicidade pessoal e de todo o planeta.

✦ Principalmente, coloque em prática os ensinamentos dos Mestres, percebendo, assim, que sua vida pessoal realmente se transforma, e os seus sonhos se realizam no momento ideal. Eles também se renovam, se enriquecem, dia após dia, ficam mais sábios e verdadeiros.

Outras cartas, para "abrir o coração" e pedir auxílio e sabedoria

---

"Algumas vezes é preciso apenas uma breve oração, como: Deus, entra na minha vida! Não vou conseguir fazer isto sem a sua ajuda. Envia os teus anjos para assumir o domínio desta situação agora!"

– Elizabeth C. Prophet

Nestes momentos de prece sincera, suplicando a compreensão da luz maior e o seu auxílio, com certeza a resposta virá. Talvez você não a perceba imediatamente... Esteja atento, sensível e confiante para entendê-la. Passo a passo, siga essa luz que vai dissipando o medo, tranqüilizando a ansiedade, construindo uma nova força, harmonia e confiança para resolver o problema.

Talvez você precise realmente explicar o que está acontecendo. E da *mesma* maneira que escolhe um médico especialista para tratar uma determinada área do corpo, é possível também escolher um ser divino especialmente para ajudá-lo.

Ao escrever a sua carta, escolha um desses Seres Divinos e dirija a ele os seus pedidos, suas angústias ou indecisões. Se você não escolheu o Conselho do Carma para essa busca de sintonia, veja então como poderia fazer.

- **Problemas financeiros e profissionais:** Escreva para os Mestres Ascensos El Morya e Kutumi. Peça o auxílio dos anjos do amor, Arcanjo Gabriel e seus anjos de orientação angélica.

- **Relacionamentos afetivos:** A Amada Mãe Maria pode ajudá-lo. Explique tudo para ela, pedindo também o auxílio do Arcanjo Chamuel, Arqueia Caridade e seus anjos do amor.

- **Conflitos e dificuldades familiares:** A Mestra Ascensa Nada, o Arcanjo Uriel e a Arqueia Aurora vão ajudá-lo. Peça também para a Mãe Maria, os anjos do amor e os anjos da paz.

- **Cura para corpo, mente e emoções:** Na sua carta, explique bem a doença e peça a cura para o Mestre Jesus, a Mãe Maria, Kuan Yin (do Conselho do Carma) e o Mestre Ascenso Hilarion. Peça também para o Arcanjo Rafael e sua legião de anjos de cura.

- **Problemas psíquico-emocionais:** Nos momentos de desânimo, angústia e depressão, lembre-se do Mestre Ascenso Seraphis Bey e do Arcanjo Gabriel. Converse também, na sua carta, com o seu anjo da guarda e peça a sua ajuda.

Essas cartas podem ser colocadas sob uma vela, de acordo com a sua vontade e com a escolha do Mestre, Arcanjo ou Anjo. As cartas para nossa Mãe Divina trazem respostas maravilhosas e úteis. Se você a colocar sob uma vela, esta pode ser branca, rosa ou azul. Além disso, é importante também consultar o quadro dos Mestres Ascensos para cada dia da semana e desenvolver o seu ritual no dia indicado.

Lembre-se de guardar a carta até que os pedidos sejam atendidos, de acordo com a Vontade de Deus. Agradeça sempre! Se quiser, pode queimar sua carta num ritual simples e rápido, sentindo que seus problemas foram realmente superados e dissolvidos.

Parte IV

Orientações Especiais para uma Vida Próspera e Feliz

"Seja honesto sobre sua busca
e esteja alerta para os momentos
em que o amor se mostra para você."

Deepak Chopra

Capítulo 13

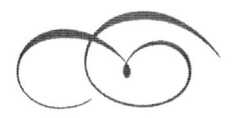

CONSIDERAÇÕES SOBRE O EGOÍSMO E A INDIFERENÇA

LIVROS, CURSOS, CONVERSAS E ENTENDIMENTOS sobre a conquista da prosperidade se desenvolvem em todas as partes do mundo. Na sua vida pessoal, principalmente, este é um tema em evidência porque você quer sempre melhorar no relacionamento, na empresa, etc.

É importante perceber, num primeiro momento, o que significa *sua* prosperidade em relação ao bem-estar e à felicidade de outras pessoas. Será que, de uma maneira ou de outra, você tem se preocupado com isso? Será que, com sua sensibilidade e evolução espiritual, você já se conscientizou, que *fazemos parte do todo e somos todos irmãos?*

Imagine, então, quantas maravilhosas e urgentes mudanças aconteceriam na Terra se *todos* pensassem nisso... E se, ao lado dessa atitude interior, acontecesse uma reação objetiva, trazendo uma dose autêntica de amor ao próximo e uma maneira prática de compreender e ajudar.

Quando você está interessado em compreender e ajudar, entendendo a frase dos Mestres, "você é o guardião do seu irmão", torna-se então um canal para que a luz se manifeste e o poder do amor comece a agir. A prosperidade tão sonhada acontece e se fortalece cada vez mais...

No entanto, continuamos aprisionados ao egoísmo, na ilusão de que podemos ser felizes de qualquer forma. Ainda que, ao nosso redor, existam tristezas e frustrações, almas perdidas em suas feridas e desequilíbrios. Ainda assim, acreditamos que podemos ser felizes.

Neste exato momento em que você lê este livro, sinto que preciso lhe falar sobre a família. Mais uma vez lembrando que nossa família real é a humanidade toda, o Universo inteiro, criado por Deus. Porém, se conseguirmos entender o que *acontece no nosso mundo familiar*, uma outra compreensão muito profunda poderá surgir. E eu a explico assim: os desequilíbrios da alma são as causas essenciais dos problemas familiares, crises, dificuldades psíquicas e emocionais, ausência de diálogo e entendimento.

Acredito, então, que precisamos rever esta situação e encontrar nela um grande caminho para aprender e para mudar. Nessa revisão, sua alma certamente encontrará algo com o que se identificará.

Nosso roteiro rumo à prosperidade pessoal começa com algumas considerações e sugestões para que a harmonia do verdadeiro amor seja uma realidade no pequeno-grande mundo que construímos nesta existência. Você perceberá que pode ajudar e que as mudanças podem acontecer de uma maneira muito mais fácil, criativa e iluminada.

Compreender sem julgar... Perdoar sempre

> "Os Vedas encaram todos os seres vivos como entidades espirituais que percorrem um caminho contínuo neste mundo material, encarnando várias vezes em corpos diferentes *de acordo com seus desejos anteriores*, ou de acordo com outras injunções que são definidas como Karma."
>
> – Marcus Schmieke

O texto acima pode nos trazer mais compreensão sobre os conflitos familiares, e também sobre a distância que, às vezes, parece existir entre pessoas que escolheram viver juntas e também crescer, construir uma família e caminhar lado a lado nesta vida. Quando surge a sensação (ou a certeza) desta distância, a alma se inquieta, não encontra respostas e muitas vezes se encolhe, desanimada e infeliz. Algumas sugestões, acredito, podem ser úteis:

✦ Fazer de conta que "está tudo bem" é uma atitude prejudicial e vai transformar o relacionamento familiar em algo automático e falso.

✦ Enfrente as dificuldades. Fale sobre elas com pessoas que realmente podem ajudar. Lembre-se sempre de pedir o auxílio espiritual e use o poder da sua fé, sem jamais desistir.

✦ O *seu* equilíbrio emocional e sua auto-estima são fundamentais. Não desista dessa conquista e não se deixe contaminar por relacionamentos difíceis ou doentios.

✦ Ao mesmo tempo, esteja sempre disposto a auxiliar. Procure compreender cada vez mais as **causas espirituais** desses conflitos, dessas mágoas e frustrações. Com consciência e lucidez, enriqueça sua alma com este aprendizado.

✦ Na busca da compreensão espiritual, permita que outras análises possam ajudar. As causas *psicológicas, culturais, físicas e sociais precisam ser conhecidas e tratadas.*

✦ Não desista dessa meta. Não abandone o sonho de realmente viver num ambiente familiar amigo, repleto de ternura e paz.

✦ Para ajudá-lo nessa conquista, lembre-se de que um momento de prece "em família" é algo realmente valioso. Faça o possível para concretizar isso: uma vez por semana, num horário ideal para todos, reúnam-se para "rezar", de acordo com sua fé e com a maneira especial que você encontrou para vivê-la nesta existência.

✦ Nos tratamentos holísticos, a terapia de vidas passadas é quase sempre utilizada para uma compreensão mais profunda sobre os conflitos familiares. É realmente lamentável (acredito) que ainda existam preconceitos contra essa análise espiritual. Na verdade, quando ela é aceita e vivenciada (pela família ou por alguns familiares), podem se tornar muito mais rápidas e eficientes **a cura e a reconquista da harmonia**. Se você realmente se interessar, procure **também** por esses tratamentos e por essa maneira de compreender.

Capítulo 14

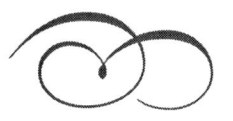

CUIDADOS ESPECIAIS COM SUA CASA, SEU LAR

A BELEZA E O CONFORTO DE UMA CASA devem receber também uma orientação espiritual, muito em moda atualmente, que é o Feng Shui. E se você procurar o Feng Shui baseado na filosofia indiana, uma ciência conhecida como Vastu, eu acredito que os benefícios serão muitos. Você poderá realmente se identificar com esses ensinamentos e sugestões. Aliás, só deve segui-los se essa identificação realmente acontecer.

"... num quarto de oração devem-se evitar tanto quanto possível os objetos pesados. Neste aposento tampouco devem ser guardados objetos de valor, e diante do altar não deve haver um cofre."

– MARCUS SCHMIEKE

Veja, em seguida, algumas orientações práticas do Feng Shui. Elas são simples e ao mesmo tempo significativas, com efeitos benéficos na harmonia de energias e vibrações do espaço físico.

O EQUILÍBRIO NO ESPAÇO FÍSICO

O Feng Shui baseia-se nos princípios universais do equilíbrio das energias opostas e complementares: Ying e Yang. Essas duas energias, quando juntas, formam todos os aspectos da vida. A distribuição ideal dos móveis e objetos decorativos, de luz e sombra, e a composição de cores, buscando sempre o equilíbrio indicado pela natureza, tornam o ambiente mais aconchegante e harmonioso.

Regras básicas

(embora simples, cada regra tem sua importância e razão de ser)

✦ Sua casa deve sempre estar limpa e arrumada.

✦ Os armários devem estar organizados, com objetos de uso corrente.

✦ Evite pensar negativamente enquanto estiver em casa.

✦ Procure ter convidados que realmente lhe agradem.

✦ Passar amoníaco no chão e nas paredes limpa a casa da energia dos antigos moradores.

✦ Plantas como arruda, comigo-ninguém-pode e guiné são ótimas para arranjos nas entradas da moradia.

✦ A casa deve ser sempre ventilada e iluminada.

✦ Não colocar fotos de falecidos e pessoas vivas no mesmo porta-retrato.

✦ Na cozinha, a lixeira não deve ficar ao lado do fogão.

✦ Manter as portas dos banheiros sempre fechadas.

✦ Espelhos e cristais multifacetados ajudam a neutralizar as energias nocivas dos banheiros.

✦ Não se deve ter no quarto de dormir objetos relacionados a trabalho, como computador.

(Adaptado de artigo com consultoria de Monica de Marchi, jornal *Vida Integral*, abril de 2001)

Livros especializados sobre o Feng Shui são ideais para você compreender e usar melhor suas regras e sugestões. Atualmente, são muitos os cursos e palestras sobre o tema.

"Toda mudança deve ser feita com suavidade e aos poucos. Mexer na terra ajuda a descarregar o excesso de energia. O Feng Shui atua como estímulo, pequenos lembretes da nossa intenção."

– Mon Liu
(Consultora de Feng Shui e paisagista, revista *Vida em Equilíbrio*, julho de 2002)

Paciência e bom humor com todos de casa

Com certeza, espontaneidade é fundamental. Mas não permita que ela se transforme facilmente em irritação ou cólera. Nada de bom, útil e saudável pode ser conquistado quando você se deixa envolver pela raiva ou emoções desse tipo.

Conforme já foi abordado na Parte I do *Livro da Alma*, a prática da meditação é fundamental. Você pode conhecer muito mais sobre isso lendo livros especializados, fazendo cursos e, principalmente, praticando Yoga, com seus exercícios especiais de relaxamento e concentração.

Na minha vida, a prática da Hatha-yoga teve sempre uma enorme importância, ajudando-me a encontrar a serenidade interior necessária para enfrentar qualquer tipo de situação. Atualmente, posso garantir que fico realmente surpresa (e feliz) quando percebo que no meio das mais violentas crises e tempestades familiares consigo permanecer tranqüila. Isso não é uma farsa, tampouco uma ilusão. Aliás, é importante ressaltar que a conquista dessa **serenidade interior** é um processo muito mais difícil do que podemos imaginar. Existem quedas, recaídas e atrasos em todo esse aprendizado. Mas vale a pena insistir!

Neste trecho do nosso *Livro da Alma*, posso lhe afirmar com toda a sinceridade: a prática de exercícios espirituais como meditação, rituais, preces e mantras, é algo realmente imprescindível. Você poderá conquistar a saúde verdadeira, a paz interior e a auto-estima. Todos os esforços valem a pena!

Com algumas orientações mais práticas que agora quero lhe dar, espero sinceramente ser capaz de ajudar e de envolver sua alma e seu coração na mais profunda convicção sobre esses cuidados tão vitais com nossa alma, todos os dias.

Acredito ser também importante lembrar que os cuidados e a dedicação ao bem-estar e harmonia da família não impedem que o *seu* **caminho de evolução** seja sempre solitário, até mesmo secreto. Isso não deve preocupá-lo, porque, nessa sua busca pessoal, a solidão não o incomodará e você conseguirá, com certeza, usufruir sempre da beleza e da paz que ela proporciona.

Capítulo 15

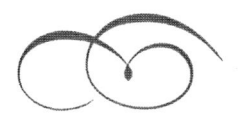

SAÚDE, ALEGRIA INTERIOR E COMPREENSÃO ESPIRITUAL, SEMPRE

O SEU INTERESSE EM REALMENTE CONQUISTAR e manter a saúde integral, sem problemas, sem desequilíbrios crônicos ou agudos, é uma exigência fundamental. Ou seja, você precisa, de fato, se interessar por um ideal como esse e perceber que nada, praticamente nada, nesta nossa existência na Terra, pode ser mais importante do que viver com saúde, vitalidade, equilíbrio emocional, boa disposição física e mental, capacidade para trabalhar e aprender sempre e amor contagiante pela vida e por si mesmo. Parece muito difícil? Vamos tentar resumir o alcance maior destas metas, colocando aqui inicialmente algumas orientações sobre a nossa alimentação.

Uma alimentação consciente, sem exageros de gula ou irresponsabilidade, é algo que jamais deve ser negligenciado. Isso porque, se houver negligência contínua (doces, frituras, balas, gorduras, carnes, etc.), as conseqüências virão. Elas serão notadas inclusive na sua aparência, na sua pele, nos cabelos e no corpo. Será que isso não lhe diz nada?

Veja em seguida um resumo das idéias de um médico especialista, um profissional comprometido com a Medicina Holística (corpo/mente/espírito).

O EQUILÍBRIO DAS POLARIDADES

A saúde ideal pede uma alimentação consciente e equilibrada. Para este equilíbrio é fundamental que a alimentação diária possa harmonizar as duas polaridades de energia Ying e Yang. Estas energias (polaridade negativa e positiva) estão contidas em tudo o que comemos.

Na chamada Medicina Holística, a harmonia autêntica do campo energético que nos envolve (dentro de um sistema perfeito e funcional) é um princípio fundamental. E aquilo que comemos, ou deixamos de comer, terá uma influência direta neste sistema.

As refeições diárias devem obedecer à seguinte regra: o café-da-manhã precisa ser completo e nutritivo, é a refeição mais importante do dia. O almoço também precisa ser assim, sempre com frutas e verduras cruas, e carne, se a pessoa quiser. O jantar deve ser uma refeição leve, de preferência um lanche com cereais, frutas e suco.

E quanto ao equilíbrio das polaridades Ying e Yang, de acordo com a Medicina Chinesa, é necessária uma consulta detalhada ao médico ou terapeuta.

É preciso, então, uma orientação mais pessoal, buscando adaptar o estilo de vida da pessoa e suas preferências às necessidades básicas de uma alimentação ideal.

Arnaldo Marques Filho

Algumas especialidades da Medicina Holística podem auxiliar bastante em relação à reeducação alimentar. Livros e cursos estão aí, basta apenas você se interessar. Informe-se sobre Medicina Antroposófica, alimentação naturalista, vegetariana ou macrobiótica e também Medicina Chinesa (Ying e Yang). Atualmente, a tradicional Medicina Alopática, ocidental, vem se preocupando bastante com a alimentação ideal para a saúde e para a harmonia de corpo, mente e alma.

Alegria interior: uma conseqüência da saúde e da compreensão espiritual

"Que força é essa que está na natureza, que faz movimentar, crescer, cooperar? Que sinergia existe entre nuvens, sol, ramos, terra, aves? Tudo vive e convive de maneira muito harmoniosa. Cada um desses elementos tem sua força própria, suas características específicas, sua beleza única."

– APARECIDA LIBERATO e BETO JUNQUEIRA

Como conseqüência da saúde (física / mental / emocional) e da busca de compreensão espiritual, a alma se ilumina e cada vez mais se prepara para evoluir, sentindo dentro de si plenitude, paz verdadeira... e alegria.

O auxílio espiritual é um fato. Cada vez mais, em todas as partes deste nosso mundo, as pessoas descobrem esse auxílio. Elas o colocam em suas vidas diariamente. E desejam também uma sintonia verdadeira com a luz, a sabedoria e o poder do amor maior.

No entanto, ainda existe muito a ser feito. Bastam alguns poucos momentos lendo jornais, assistindo TV ou ouvindo as notícias pelo rádio para perceber o quanto ainda estamos distantes dessa sabedoria e desse amor.

Se você ajudar, ajudar a si mesmo antes de tudo, e estender esta compreensão e esse amor a toda a humanidade, muito em breve tudo poderá mudar. É difícil acreditar, não é mesmo? Assim como é difícil acreditar que você conseguirá um dia dominar suas fragilidades, entender e tratar seus desequilíbrios emocionais, seu medo, ansiedade, desânimo...

Talvez você acredite mesmo no poder dessas suas grandes dificuldades. E talvez o desânimo e a rebeldia tenham se instalado na sua alma em alguns dias, algumas fases...

Mas a sua alma continua acreditando que tudo pode ser possível. E continua acreditando em você, no poder da **sua vontade**, no **seu** desejo sincero de vencer e reencontrar a paz, a sabedoria e, finalmente, a alegria de viver. Ou será que você pensa que tem tudo isso? Não consegue entender sua dor? Não consegue **aceitar** e **tratar** suas tristezas e frustrações?

A busca de compreensão espiritual é um passo decisivo na sua caminhada. Ela poderá lhe abrir novas portas para o autoconhecimento e a auto-estima. Essas portas não são assim tão fáceis de abrir, quase sempre precisamos buscá-las com fé verdadeira e o desejo real de *entender* a vida em todas as suas manifestações.

Sempre procurando ajudá-lo de maneira mais prática, vamos inserir nas páginas finais deste livro algumas escolas iniciáticas, espiritualistas ou espíritas que podem ser extremamente úteis. Nelas, você vai conhecer e praticar os ensinamentos dos Mestres, Arcanjos e Mentores de luz e cura deste planeta.

Claro que esta relação é limitada, e com certeza você conhece muitas outras escolas espiritualistas. Mas, ainda assim, procure se informar sobre estas, usando para isso os mais modernos recursos de comunicação e acesso.

Estas escolas, nas suas mais variadas crenças, conteúdos e significados, realmente podem nos ajudar. Elas concretizam, de uma forma ou de outra, a conquista de um aprendizado secular e o tornam acessível. Além disso, para os alunos (discípulos) desses centros holístico-iniciáticos, há sempre uma enorme chance de resolver melhor os problemas pessoais e até mesmo doenças do corpo ou da mente, crônicas ou agudas. Cada vez mais acredito (apesar de ainda existirem muitos preconceitos e ignorância a esse respeito) que estas escolas espiritualistas poderão ajudar a cada um de nós e a toda a humanidade. Talvez você realmente precise (e deseje) fazer parte de uma delas.

Você encontrará também no *Livro da Alma* uma bibliografia muito especial. Os livros de auto-ajuda, espiritualidade e comportamento são muitos, eu sei disso. Mas acredito que os indicados aqui podem ajudar. De acordo com sua sensibilidade e intuição, escolha alguns para ler. E faça isso da melhor maneira possível, tornando estas leituras (e outras) um hábito importantíssimo na sua vida.

Feridas do amor
(elas têm cura e nos ajudam a crescer)

No meu livro *O Jogo do Amor* (editora Maltese), este tema foi muito bem explicado e detalhado. Foi essa a minha maior intenção. E ela foi sincera, envolvida no mais puro desejo de auxiliar as pessoas a encontrarem um verdadeiro amor, um companheiro (a), um cúmplice amoroso e sincero que caminhe a seu lado.

Livros, cursos e tratamentos são muitos e estão disponíveis se você, antes de tudo, perceber e aceitar suas dificuldades nesta área. Na verdade, por mais estranho que possa parecer, uma grande parte da humanidade está neste momento sofrendo as tristezas dos desencontros amorosos, da solidão, mágoa, rejeição... E ainda, por mais estranho que pareça, não conhecem com profundidade as causas dessas tristezas e tampouco querem admiti-las. Ou seja, vivem uma vida de mentiras, um dia-a-dia automatizado, repetitivo, sem *emoções amorosas reais*, sem momentos vitais de ternura, carinho e cumplicidade.

É claro que a alma precisa encontrar um caminho para se conscientizar dessas dores e tratá-las da melhor maneira possível.

Com certeza, isso é bastante difícil, com limites e obstáculos complexos e contraditórios, que muitas vezes não conseguimos enfrentar.

Um dia, no entanto, você compreenderá que todas as dificuldades e dores do seu caminho amoroso tinham uma razão para existir. E o contato com essa razão, essas causas e conseqüências, poderá lhe trazer muita paz. Com esta paz interior e sempre acreditando nos seus sonhos, na sua "vocação para o amor", dia após dia você chegará mais perto dele.

Espero auxiliá-lo agora, colocando aqui algumas sugestões para a realização desse ideal, essa meta antiga e secreta da alma e do coração. Leia e reflita!

Sugestões para encontrar e viver um verdadeiro amor:

✦ O brilho do olhar precisa ser autêntico!

✦ Em primeiro lugar, você já conquistou a si mesmo? E como é que isso acontece? O que você poderia fazer para investir nessa conquista fundamental para que muitas outras venham, inclusive a de um verdadeiro amor?

✦ Cuide sempre com atenção e sensibilidade da sua saúde física, mental, emocional e espiritual. Esteja atento aos sintomas de tristeza, ansiedade, insônia, todos os tipos de dores físicas e emocionais. E busque auxílio, profissional ou não, sempre que necessário.

✦ Viva sua vida com alegria. Procure espalhar essa alegria onde for possível. Use roupas alegres, coloridas, procure a companhia de pessoas bem-humoradas, confiantes. Coloque na sua casa todas as semanas, se possível, flores alegres e bonitas.

✦ Evite remoer o passado. Não guarde lembranças, fotos, recortes de jornal, roupas antigas que você nunca usa!

✦ Ao sair para uma festa, reunião ou algum local onde um possível "novo amor" poderá aparecer, prepare-se com mais cuidado. Não se preocupe com o fato de estar investindo seu tempo, talento e sensibilidade para produzir um visual mais charmoso e atraente.

✦ A "conquista de si mesmo" e o "brilho do olhar" verdadeiro e contagiante fazem parte de todo um processo maior e mais complexo. Você poderá vivenciar esse processo à medida que vai evoluindo espiritualmente, conquistando auto-estima e procurando sempre se aperfeiçoar, desenvolver os potenciais da sua personalidade.

✦ Neste trecho do nosso *Livro da Alma*, falamos do amor, procurando passar a você o romantismo e a ternura que envolvem esse sentimento vital. Por isso, é importante não perder nunca a capacidade de sonhar, manter o coração sempre jovem, mergulhado em energias e vibrações de esperança e otimismo.

"Em um mundo em que a vida se une tanto à vida, em que as flores amam as flores no leito dos ventos, em que o cisne conhece todos os cisnes, só os homens constroem a sua solidão."

— Antoine de Saint-Exupéry

Capítulo 16

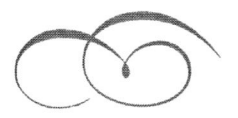

CAIXINHA DA PROSPERIDADE: CONHEÇA E USE

Antes, uma importante explicação:

Para a conquista da tão sonhada e perseguida prosperidade financeira, todos os recursos devem ser empregados? Será mesmo assim? Ou não? É claro que existem restrições, e nós as conhecemos.

Analisar, interpretar e concluir algo sobre nossas dificuldades pessoais e coletivas em relação ao dinheiro é, de fato, uma tarefa gigantesca. E para desenvolvê-la precisamos, como sempre, buscar as causas espirituais, fragilidades e erros da alma na sua caminhada evolutiva. Nesta análise, com certeza, esbarramos a todo o momento com as dificuldades emocionais e tudo aquilo que isso implica em relação à carreira, ao sucesso e à realização pessoal.

E ainda: mesmo sem maiores preocupações com o sucesso ou com a realização profissional, enfrentamos dificuldades emocionais, descobrindo sempre sua relação com a vida financeira. Nossos caminhos, tratamentos e curas são complexos. Mas com certeza cada um de nós encontrará a sua maneira de caminhar, resolver e vencer.

Quando eu aprendi como e por que fazer a "Caixinha da Prosperidade", não tive nenhuma dúvida em relação a sua eficiência. Seus efeitos benéficos aconteceram inclusive no meu mundo psíquico-emocional. E de uma maneira ou de outra, trouxeram serenidade e confiança para meus pensamentos e emoções, o que influenciou bastante algumas atitudes em relação ao dinheiro e à profissão.

Este "experimento", ensinado e divulgado pela Ordem Rosacruz (escola filosófica, mística e existencial) em vários países do mundo, pode ser compreendido como um auxílio espiritual mais intenso, voltado especialmente para nossas metas mais importantes. São os nossos sonhos e ideais de prosperidade, entendendo aqui que isso não se refere apenas ao dinheiro ou à carreira. Portanto, você pode desenvolver a sua "Caixinha da Prosperidade" para outras finalidades. Inclusive, ela pode ser feita por um grupo de pessoas, uma empresa, loja, etc., para a realização de ideais comuns, financeiros ou não.

Sinceramente, posso lhe garantir que os resultados são compensadores. E que, mais uma vez, os potenciais de sua alma vão abrir as portas, esclarecer dúvidas e ajudar a construir as vitórias e as soluções.

Veja, em detalhes, como fazer:

EXPERIMENTO DA PROSPERIDADE

"O Cósmico é a fonte de toda a prosperidade, e quando mantemos em mente, de forma constante, a consciência da prosperidade, *ela manifestar-se-á.*"

Tenhamos em mente que a riqueza não consiste somente em ter dinheiro, mas também em riqueza de:

✦ Saúde

✦ Poder mental

✦ Alegria de viver

✦ Satisfação proveniente do bom ajustamento às condições que nos cercam e de poder melhorá-las gradativamente

✦ Relacionamentos afetivos satisfatórios

Princípios diários para a realização deste experimento:

1. Reservar um período especial de agradecimento pela presença da ajuda universal (divina).

2. Fazer um depósito monetário numa caixinha, a qual denominaremos de "Caixinha da Prosperidade", por um período de 40 dias. Colocar todos os dias a mesma quantia.

3. Visualizar a prosperidade como uma corrente da qual participamos. Visualizar família, o país, o planeta todo prosperando.

4. Visualizar sua prosperidade como num filme, **acontecendo de fato** na sua imaginação.

5. Pedir ao Cósmico (Deus) para que nos ilumine com a compreensão do uso da abundância para benefício pessoal e de outras pessoas.

6. Doar o que foi depositado nos 40 dias a uma instituição beneficente ou uma pessoa carente.

Como já foi explicado, a capacidade de visualizar é fundamental e isso precisa ser feito com convicção, entendendo o poder real desses processos mentais. Além disso, em relação a nossas metas financeiras ou aos nossos "pedidos de auxílio", é extremamente importante manter uma atitude mental positiva e otimista.

"Devemos ainda aprender a considerar o dinheiro na sua verdadeira forma: uma energia e seus raios luminosos, que devem brilhar, aconteça o que acontecer. A energia sob a forma de dinheiro está sempre se manifestando para nos tornar indivíduos livres, amplos e felizes".

— *Revista AMORC, GLP,* 1º trimestre de 2002

Realmente, eu desejo que sua "Caixinha da Prosperidade" lhe traga as melhores respostas e soluções. É importante lembrar também que ela só pode ser feita uma vez por ano. Por isso mesmo, escolha bem aquilo que vai pedir. E lembre-se sempre de perguntar para a sua alma, afastando assim os perigos do egoísmo, da indiferença e do excesso de ambição.

As perguntas que a alma gostaria de responder

Embora para algumas pessoas a alma continue a significar algo nebuloso, mais intelectualizado e impossível "de ver", podemos fazer algumas perguntas para ela. Seja qual for a sua crença (ou descrença), as respostas virão sob a forma de sensações, intuições, sonhos e avisos. Uma boa parte dessas perguntas têm a ver com a nossa coragem para buscar a verdadeira sabedoria. E com a coragem para descobrir o que realmente significa a nossa essência divina, que nos une ao Criador, ao Seu Amor e Sua Luz.

Na verdade, as questões e respostas que podem ajudar no desenvolvimento dos potenciais da alma parecem esbarrar em enormes obstáculos. Um deles é, com certeza, o medo da morte. Quando pensamos nela, tudo fica muito mais difícil.

A conquista de uma verdadeira espiritualidade é, com certeza, a única maneira de enfrentar esse medo. E, ao enfrentá-lo, deixamos de lado, aos poucos, todas aquelas tentativas de fugir dele, com ilusões de todos os tipos, vaidades e ambições exageradas, como se, de alguma outra forma, o poder material pudesse ser maior que a nossa fragilidade diante da morte.

Na verdade, em cada um de nós parece existir uma maneira especial de perseguir o poder e inconscientemente usá-lo como proteção. Para isso, escolhemos "nunca falar da morte" e tampouco nos interessarmos pela outra forma de vida que um dia teremos. Acredito que muitas mudanças ainda vão acontecer para que a humanidade possa viver de maneira mais íntima e confiante com todos esses chamados "mistérios". De fato, estamos nos prepa-rando para uma Nova Era.

"Com a Nova Era o homem não terá mais dúvida sobre a existência da alma, entenderá que a vida é eterna, pois nossa permanência na Terra ou em algum outro planeta ou dimensão é apenas um estágio de nossa alma para um determinado aprendizado. E entenderá, também, que o tempo é uma constância de tudo o que existe e que não há passado, há lições aprendidas; não há mortos, há espíritos que retornam aos seus lares originais.

O futuro é simplesmente o evoluir para outros portais de sabedoria, como o que está sendo aberto para nós agora, na passagem da terceira para a quarta dimensão."

– Gracia Martins

Capítulo 17

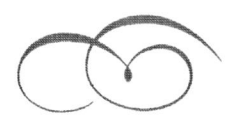

ESCREVA UMA CARTA PARA A SUA ALMA

Talvez você não goste muito de escrever. É bom ficar sabendo, mais uma vez, que a escrita ajuda bastante no desenvolvimento da criatividade e do autoconhecimento. Para escrever uma simples carta para a sua alma, é preciso apenas "se entregar". Iniciar a carta, mais ou menos assim, e depois continuar.

Minha amada alma,
essência divina, eu divino, eterno e imortal...
Neste momento de minha vida, eu gostaria de
desabafar com você e também pedir que continue
iluminada e pura, para me ajudar, me inspirar e
curar. Quero lhe dizer então...

Sua carta deve continuar... Fale sobre tudo que lhe vier à mente e ao coração. Peça mais luz e inspiração para determinados assuntos ou problemas de sua vida. E, ao terminar, leia sua carta para si mesmo, em voz alta (bem baixinho, se quiser), com confiança e emoção.

Em seguida, ela pode ser guardada, queimada ou colocada sob uma vela. Se preferir deixá-la sob a vela, escolha uma cor que lhe agrade e, se quiser, prepare um altar.

O mais importante deste exercício é o contato, por carta, com a sabedoria natural de sua alma, retornando para ela em busca da verdadeira paz e iluminação interior. Sua alma lhe responderá de várias formas, de acordo com o tipo de sintonia que você oferecer.

Você pratica a meditação? Reza e procura se tranqüilizar todas as noites antes de dormir? Faz os rituais e as preces para fortalecer sua ligação com Deus e os Mestres?

Talvez você não faça nada disso, pelo menos habitualmente. Pode ser que seu coração paciente e bondoso tenha desenvolvido outras maneiras de vivenciar a luz de sua alma.

Um sorriso amoroso e alguns minutos de paciência para com pessoas difíceis e atormentadas... Uma conversa construtiva e útil com familiares que vivem confusos e sem rumo... Uma prece sincera e amorosa para uma ou muitas pessoas que precisam de luz, amor e cura...

Existem muitas outras maneiras de viver os potenciais da alma. Com certeza, em algumas delas, nesses momentos em que o amor se faz real e contagiante, muitas respostas virão para sua carta. Ou, quem sabe... apenas uma, importante e única.

E então... nesta manhã um pouco fria de um inverno solitário, procuro me unir completamente com a minha alma e também com a sua para lhe falar sobre essas respostas.

Se for possível, escreva neste momento a sua carta. E faça com ela o que achar melhor. Em seguida, hoje mesmo ou amanhã, continue a ler este livro. Se não sentir inspiração e desejo sincero de escrever agora, faça isso quando perceber que seu coração deseja e pede essa comunicação, esse contato.

"Deus e os grandes Mestres estão sempre convosco enquanto trabalhais juntos para iluminardes os poucos e para diminuir o terrível sofrimento suportado por muitos."

— Mestre Ascenso El Morya

Capítulo 18

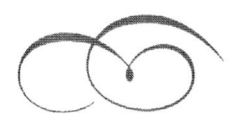

NO OUTRO DIA DE PRIMAVERA, OU INVERNO, RECEBA A RESPOSTA

As primaveras parecem curtas, rápidas demais quando se pretende aproveitar melhor as flores, o aroma inconfundível da vida se transformando mais uma vez.

No inverno, ao contrário, o tempo parece se arrastar, como se existisse uma grande missão a cumprir... a chance para meditar, refletir... e sentir.

Talvez você ainda não tenha percebido como parecem curtas as primaveras e longos os invernos. Ou, quem sabe, na sua cidade, no seu país, essas duas estações aparentemente quase não existam. Você mesmo não as percebe nunca.

Na sua alma, com certeza, sempre haverá um momento de muita luz, muitas flores, e outros momentos "aparentemente" escuros e frios. A grande resposta de sua alma, ou pelo menos uma delas, é aprender a viver essas mudanças, conflitos e contradições. É para esse aprendizado, mais para ele do que para qualquer outro, que sua alma está aqui na Terra, lado a lado com tantas outras.

A imagem do Mestre Jesus poderá surgir agora na sua mente, naquele espaço mais iluminado da sua imaginação. E você pode agora, olhar bem de frente para os olhos Dele, com muitas perguntas no coração. Silenciosamente Ele lhe responderá: "**Somente Eu amo o que não se vê em ti.**"

Lembre-se então de que respostas verdadeiras como esta não são fáceis. Em outras vidas, acredito, nós as tivemos, em nossas mãos e as perdemos...

Não julgue, não analise e nem faça críticas. Procure sempre no coração as razões mais profundas, os conteúdos mais essenciais em toda discórdia, em toda dor.

E caminhe tranqüilo. Ele está ao seu lado. Ouve suas súplicas, entende e respeita suas dúvidas, tristezas e mágoas. Ele está sempre ao seu lado e para tocá-lo basta querer. Sentir Seu olhar, receber o Seu amor, depende apenas de você!

Caminhe confiante, sabendo para onde está indo. Entendendo o "porquê" e crescendo em cada nova missão, sonho ou visão. Passo a passo você está sempre chegando mais perto e sentindo a presença Dele na sua vida, na sua alma, ajudando a transformar, iluminar e curar.

A primavera e o inverno não mais parecerão um tempo perdido para viver e aprender, sofrer ou ser feliz. Na sua caminhada agora, a seiva mais pura envolveu sua alma. E ela, apenas ela, é capaz de preencher com flores e aromas todas as etapas do seu caminho.

Mais uma vez, retornam às suas mãos a sabedoria e o amor de outras vidas, a força interior e a inteligência mais pura para ajudá-lo a vencer.

Ainda que tudo isso lhe pareça invisível e secreto, lembre-se sempre de que Ele está olhando... e reconhecendo amorosamente a sua alma. Sem análises, nem conclusões, Ele o ajudará, de mãos dadas com você, com sua alegria e sua dor, com seu desejo maior de entender e evoluir.

Espere mais um pouco. Caminhe com alegria! Outras primaveras virão para que sua alma, novamente, recolha as flores e os frutos, as vitórias e as conquistas de mais uma missão.

ESCOLAS INICIÁTICAS PARA O DESENVOLVIMENTO DA ALMA

(consciência e vivência do eu divino)

"Mas Eu vejo em ti uma beleza que não
esmaecerá
e, no outono dos teus dias,
esta beleza não terá receio de olhar-se no
espelho
e não será ofendida.
Somente eu amo o que não se vê em ti."

KALIL GIBRAN

ANTIGA E MÍSTICA ORDEM ROSACRUZ (AMORC): Esta escola de mistérios, ou iniciática, tem origem no Egito antigo, na época do Faraó Amenhotep IV. Os estudantes rosacruzes recebem o material para estudar e praticar na própria residência. Entretanto, em muitos países do mundo e no Brasil princi-palmente, existem templos da AMORC onde os discípulos participam de rituais, cursos e palestras. Visite o site www.amorc.org.br e conheça melhor esta escola, ou informe-se pelo número (41) 351-3000.

ANTROPOSOFIA: O filósofo austríaco Rudolf Steiner foi o precursor desta escola. Seus métodos objetivos e científicos podem ser aplicados a todos os domínios da vida, inclusive à

Medicina e à Psicologia. Por meio de estudos e exercícios apropriados, os estudiosos da Antroposofia podem ter acesso a realidades cósmicas mais abrangentes. Conheça mais no site www.sab.org.br ou pelo telefone (0xx11) 5687-4252.

BUDISMO: Os ensinamentos do mais fulgurante dos budas, Sidarta Gautama, formam os pilares desta doutrina oriental, que tem como busca espiritual a solução para o sofrimento humano. Segundo o budismo, todos os fenômenos estão sob a infalível lei da causa e efeito, que interfere diretamente no nosso carma. Para seus adeptos, o budismo não é uma religião, e sim uma filosofia de vida. Há várias seitas, que você pode conhecer através do site www. budismo.com.br ou pelo telefone (0xx11) 3812-7509.

GRUPO ESPIRITUALISTA DR. GOLDENBERG: Dirigido por médiuns que canalizam médicos espirituais, esta organização vem realizando há mais de 20 anos trabalhos de cura, cirurgias e tratamentos espirituais. Os resultados são comprovados. Você pode estudar lá ou se tratar com equipe de medicina espiritual cujo líder é o médico alemão (desencarnado) Rudolf Goldenberg, uma alma iluminada, totalmente dedicada a nos ajudar. Informe-se ligando para (0xx11) 5522-8515.

INSTITUTO MENS SANA (FREI ALBINO ARESI): Mais voltado para os estudos científico-psicológicos (parapsicológicos) comportamentais, esta instituição tem cursos, como o de Análise Transacional, e palestras para auxiliar na busca do equilíbrio e da prosperidade. Além disso, tem também profissionais especializados em terapias individuais, familiar e de grupo. Acesse o site: www.menssana.com.br ou informe-se pelo telefone (0xx11) 5549-2376.

MAÇONARIA: Esta escola filosófica e espiritualista é fundamentada na trilogia da liberdade, igualdade e fraternidade. Só os homens podem participar dos seus estudos, apesar de já existirem lojas maçônicas que aceitam mulheres, mas ainda não são reconhecidas. Para ter acesso aos estudos e trabalhos da maçonaria, é preciso que um membro proponha a sua entrada. Conheça mais no site www.maconaria.com.br ou ligue para (0xx13) 3222-3700, em Santos-SP.

SANTUÁRIO RAMATIS: fica numa pequena cidade do interior (Leme-SP), mas suas atividades, cursos, curas e cirurgias espirituais são conhecidos em todo o país. Para se informar e conhecer como funciona este santuário, ligue para: (0xx19) 572-1156.

SEARA BENDITA: Mais voltado para o Espiritismo, este centro tem grupos de estudos especiais sobre essa doutrina. Às segundas, quartas e sextas-feiras à tarde, é aberto ao público para orientação espiritual e trabalhos espirituais mais profundos. Antes das sessões são realizadas palestras com temas variados, sob a ótica do Espiritismo. É filiado à Federação Espírita do Brasil. Site: www.searabendita.com.br. Telefone (0xx11) 5533-5172.

SILVA MIND CONTROL: Criado pelo americano José Silva, um grande educador, escritor e pesquisador, este método é reconhecido mundialmente para se obter saúde psíquico-emocional e criatividade, além do desenvolvimento da intuição. Os cursos e palestras (controle e poder mental) acontecem no Brasil e em centenas de cidades do mundo. Informações no site: www.metodosilva.com.br ou pelo tel: (0xx11) 5084-9956.

SUMMIT LIGHTHOUSE: Para compreender e praticar os ensinamentos dos Mestres Ascensos, esta é a escola iniciática ideal, embora muitas outras também divulguem e pratiquem estes ensinamentos. Para pertencer à Summit, você pode freqüentar um dos grupos de estudos espalhados pelo Brasil e pelo mundo, nos quais se desenvolvem inspirados rituais, ou receber estes ensinamentos pelo correio, tornando-se um "Guardião da Chama". Mais informações no site www.summitlighthouse.com.br ou pelo telefone (0xx11) 5539-1356.

Teosofia: Para estudar e compreender os princípios básicos das ciências, filosofias e religiões, além dos estudos latentes do homem, este pode ser um fértil e profundo caminho. A Teosofia, fundada por Helena Blavatski, é muito indicada para você se aprofundar nos ensinamentos dos Mestres Ascensos (Grande Fraternidade Branca). Para informações, acesse o site: www.mais.com/liberdade ou ligue para: (0xx11) 3237-3728.

Universidade Holística do Brasil - UHB: Para estudos, pesquisas, tratamentos e formação de líderes holísticos. Os cursos acontecem geralmente nos finais de semana e alguns deles são especiais, como o de Terapeuta Xamânico (Xamanismo) e o de Formação Holística para jovens de 11 a 17 anos. A UHB fica na cidade de Guara-tinguetá, interior de São Paulo. Para obter mais informações, envie uma mensagem para o e-mail www.uhb@acweb.com.br ou ligue (0xx12) 525-1226.

LIVROS PARA O APERFEIÇOAMENTO INTERIOR

BRODSKY, Greg. *O livro da cura natural*. São Paulo: Ground.
BROWNE, Silvia. *A vida no outro lado*. Rio de Janeiro: Sextante.
CAREY, Ken. *Terra Christa*. São Paulo: Pensamento.
CHOPRA, Deepak. *O caminho para o amor*. Rio de Janeiro: Rocco.
COHEN, Alan. *Ouse ser você mesmo*. São Paulo: Cultrix.
CRAIN, Mary B.; TAYLOR, Terry L. *A Sabedoria dos Anjos*. Rio de Janeiro: Objetiva.
GIBRAN, Kalil. *Jesus, o filho do Homem*. Rio de Janeiro: Mansour Challita (editora).
KIKWOOD, Annie. *Mensagens de Maria para o mundo*. Rio de Janeiro: Nova Era.
KUNZ, Dora Van Gelder. *A aura pessoal*. São Paulo: Pensamento.
LEWIS, Spencer. *Autodomínio e o destino*. Biblioteca Rosacruz.
LIBERATO, Aparecida; JUNQUEIRA, Beto. *Números e aromas do amor*. São Paulo: Best Seller.
MARCINIAK, Barbara. *Mensageiros do Amanhecer*. São Paulo: Ground.
MARTINS, Gracia M. Falcão. *Kardec direção para a Nova Era*. Angellara.
MOOREY, Teresa. *A deusa*. São Paulo: Pensamento.
MORINI, Carlos A. *Cristais: a magia do século 21*. São Paulo: Hemus.
NEMETH, Maria. *A energia do dinheiro*. São Paulo: Cultrix.
PAGE, Cristine R. *Anatomia da Cura*. São Paulo: Ground.
PIGNATELLO, Giuseppe M. P. *Nutrição: cronodietologia (combinações alimentares)*. Robe Editorial.
PROPHET, Elizabeth; LOPES, Isabel. *Chaves para o seu progresso espiritual*. São Paulo; Summit Lighthouse.

PROPHET, Mark e Elizabeth. *Rituais de Ashram*. Summit Lighthouse do Brasil.
RICHMOND, Lewis. *O Trabalho como Prática Espiritual*. São Paulo: Cultrix.
ROZMAN, Deborah. *Meditação para Crianças*. São Paulo: Ground.
SAINT-EXUPÉRY, Antoine de. *O Pequeno Príncipe*. Rio de Janeiro: Agir.
SCHMIEKE, Marcus. *Vastu: construção e decoração de interiores segundo o Feng Shui*. São Paulo: Pensamento.
WHITAKER, Charlene. *Ilumine sua vida com velas: meditação e cura*. São Paulo: Pensamento.

MESTRES ASCENSOS, ARCANJOS E ANJOS

ANGLADA, Vicente B. *Os Mistérios de Shamballa*. São Paulo: Aquariana.
BUENO, Juliana. *Salve a Sua Vida*. São Paulo: Master Book.
____. *Rituais de Prosperidade*. São Paulo: Madras.
CAFÉ, Sônia. *Meditando com os Anjos*. São Paulo: Pensamento.
CRAIN, Mary.; TAYLOR, Terry L. *A sabedoria dos anjos*. Rio de Janeiro; Objetiva.
PROPHET, Elizabeth. *As profecias de Saint-Germain para o novo milênio*. Nova Era (editora).
____. *Como contatar com os anjos*. Summit Lighthouse do Brasil.
____. *Decretos de coração, cabeça e mão*. (Mestre El Morya). Summit Lighthouse do Brasil.
____. *O discípulo e a senda* (Mestre El Morya). Summit Lighthouse do Brasil.
____. *Senhores dos sete raios*. Summit Lighthouse do Brasil.
SCHEPIS, R. M. *Os sete raios da Grande Fraternidade Branca*. São Paulo; Madras.
STONE, Joshua David. *Manual completo de ascensão*. São Paulo: Pensamento.
____. *Psicologia da alma*. São Paulo; Pensamento.

COLABORADORES

ALIMENTAÇÃO & SAÚDE: Arnaldo Marques Filho – médico holístico, cardiologista e acupunturista. E-mail: fh@clinicasp.com.br

ASTROLOGIA: Graziella S. Marraccini – astróloga, taróloga e kabalista. E-mail: graziella@astrosirius.com.br

CROMONUMEROLOGIA: Tereza Nagata – análises individuais enviadas a domicílio. E-mail: terezanagata@ig.com.br

MEDICINA & ESPIRITUALIDADE: Sérgio Felipe de Oliveira – médico psiquiatra, pesquisador e conferencista (Clínica Pineal Mind). E-mail: pinealmind@uol.com.br

NUMEROLOGIA: Inah Rosa Rubin – terapeuta e numeróloga. E-mail: inahrosa@hotmail.com

TERAPIA DE VIDAS PASSADAS: Ivana Prates de Oliveira – médica psiquiatra (Clínica Pineal Mind e Instituto Nacional de Terapia de Vivências Passadas – São Paulo). E-mail: pinealmind @uol.com.br

OUTRAS OBRAS DA AUTORA

Canção para renascer (poemas). Scortecci Editora, 1988.
Das dores – A menina que sabia demais (romance). Printpack editora, 1983.
Início e chegada do teu caminho (poemas, cartas, respostas de amor). Edição da autora, 1973.
O jogo do amor (comportamento/esoterismo). Editora Maltese, 1997.
De mãos dadas com a dor (romance). Enfim Ribeirão Editora, 1993.
Estranha primavera (romance). Editoras Soma e Maltese, 1993.
Quem quiser nascer de novo (romance). Editora Edicon, 1985.
Rituais de prosperidade (ocultismo). Editoras Maltese e Madras, 2001.
Salve a sua vida (comportamento/esoterismo). Editora Masterbook, 2000.
A última prece (romance). Printpack editora, 1987.

Leia da Editora Aquariana

E... O Ancião Falou
Revelações de sabedoria Inca
Antón Ponce de Léon Paiva

Antón Ponce de León Paiva, nativo da legendária cidade de Cuzco, revela-nos detalhes de sua misteriosa iniciação e transcreve as maravilhosas e sábias vivências que recebeu em sete dias, conduzido por Nina Soncco, herdeiro e mestre dos conhecimentos sagrados mantidos vivos pelos povos dos Andes.

A Iniciação do Mago
Celina Fioravanti

Este livro pode definir-se como um código de conduta para quem se inicia no aprendizado da magia, indicando o que fazer para evoluir entre o mundo da matéria e o da espiritualidade, evitando desvios no caminho esotérico.

Viver de luz
A fonte de alimento para o novo milênio
Jasmuheen

Desde 1993, a australiana Jasmuheen, que tem causado tanta sensação nos círculos esotéricos da Europa e Estados Unidos, alimenta-se fisicamente do Prana da Vida Universal. Este livro contém os detalhes de sua pesquisa e experiência desse processo que revela uma forma de alimentação revolucionária para o novo milênio. Essa forma de viver, antes reservada aos santos e sábios, é agora uma possibilidade aberta a todos graças às informações apresentadas neste livro.

Os Embaixadores da Luz
Movimento por uma Sociedade Positiva e Consciente pela Paz Mundial
Jasmuheen

Jasmuheen apresenta nesta obra um novo programa de boa forma física, emocional, mental e espiritual que combina a sabedoria antiga com a ciência futurista, mostrando como o campo bioenergético pessoal, social e global podem ser programados para trazer saúde, felicidade paz e sucesso para todos.

Impressão e Acabamento
Bartira
Gráfica
(011) 4123-0255